青春文庫

大人が絶対かなわない
できる小学生の国・算・理・社

話題の達人倶楽部［編］

青春出版社

はじめに

「まず基礎を固める」のは、何事かを学習するときの王道中の王道。そこで、この本では、基礎の基礎である（はずの）「小学校で習った大事なこと」を復習することにしました。最短で「社会」「理科」「国語」「算数」の重要事項を復習できるように、ポイントをまとめてあります。

というと、「小学校で習ったことくらい大丈夫だよ」という声が聞こえてきそうですが、本当にそうでしょうか？　たとえば、算数。「三角形の内角の和は180度」であることは、みなさん、ご記憶でしょうが、なぜそうなるのか、覚えているでしょうか？　あるいは、理科で、子供から月の動きについて尋ねられたとき、「なぜ月が満ちたり欠けたりするのか」、その理由を胸を張って説明できるでしょうか？

というように、小学校で習うことも、なかなか侮れません。本来、「小学校で習うこと」は、大人にとっては「常識」であるはず。「大丈夫かな？」と少しでも不安に感じられた方は、この本で、現在の「学力」＝「常識力」をチェック、しっかりおさらいしていただければ幸いに思います。

２０２４年９月

話題の達人倶楽部

大人が絶対かなわない　できる小学生の国・算・理・社＊目次

●発展編〈憲法・政治・産業・地理〉

2時間目 理科
身近な科学の疑問に答えられる人になるには？……81

● 発展編

3時間目 国語

●基本編

発展編

本文カバーイラスト■Adobe Stock
DTP■フジマックオフィス

1時間目
社 会

世の中の仕組み、
きちんと
覚えていますか？

基本編

二院制、衆議院の優越、通常国会…
国会の仕組みはどうなっている？

小学校で習う「国の仕組み」から振り返っていこう。まずは憲法で「国権の最高機関」と定める国会である。

国会は、選挙によって選ばれた国民の代表＝国会議員が、国政にまつわる重要案件を話し合い、決定する機関。その国会が開かれている場所は、永田町にある国会議事堂だ。この建物は、中央塔を中心に左右対称の形をしているが、これは、日本の国会が「二院制」をとっていることによる。建物を正面に見て、中央塔の左側が「衆議院」、右側が「参議院」になっている。

日本が二院制をとっている理由は、国民の生活を左右する案件を、より慎重に審議する必要があるため。二院制には、一つの議院の行きすぎをおさえ、じっくり検討するメリットがある。

法案や予算案は、衆議院と参議院で、順次審議され、原則として両院で可決されてはじめて成立するが、両院の議決が異なる場合は、衆議院でもう一度議決し、3分の2の賛成を得ると成立する。

また予算案などは、参議院より衆議院の決定を優先させることを、憲法で規定している。これを「衆議院の優越」という。衆議院には優越的な権限が与えられる分、任期は短く解散もある。すべての議員が参議院よりも頻繁に選挙の洗礼を受ける衆議院のほうが、国民の意見がより反映されやすいと考えられているからである。

ここからは、国会の種類について見ていこう。国会には「通常国会（常会）」「臨時国会（臨時会）」「特別国会（特別会）」の3種類がある。

通常国会は、毎年1回、定期的に開催される。通常は1月に召集され、会期は150日。審議されるのは、翌年度の予算案とその関連法案が中心だ。

臨時国会は、国会閉会中に緊急に話し合うべき問題が生じたり、内閣の要求があったときに臨時に開かれる。

特別国会は、衆議院が解散し、総選挙が行われた日から30日以内に新しく選ばれた議員が集まって開かれる会議。最初の仕事は、内閣総理大臣を新しく指名することである。

これだけはおさえておきたい
衆議院と参議院の違い

衆議院と参議院には、任期や定数などに違いがある。任期は衆議院が4年、参議院は6年。選挙に出馬できる年齢は、衆議院は25歳以上、参議院は30歳以上とこれも異なる。

それ以上に大きな違いは、衆議院だけに「解散」があることだ。解散は、任期途中で衆議院議員全員が地位を失う制度のことだ。

解散もあって任期も短い衆議院に対して、任期が長く解散のない参議院は、衆議院で議論している内容を、じっくり腰を据えてチェックすることができる。これが、二院制のメリットといえる。ただし、参議院は任期が6年だが、3年に一度選挙があり、議員の半数ずつが改選される。

また、前項でも述べたように、国会審議では、衆議院のほうに強い権限（衆議院の優越）が与えられている。

たとえば、先に衆議院で可決した法律案が、参議院で議決されなかった場合、あるいは否決となった場合はどうなるのだろう？　そんなときは、法律案がふたたび衆議院へ戻され、衆議院の出席議員の３分の２の賛成を得れば再可決となって、法律が成立する。

このほかにも、衆議院は次のような権限をもっている。

1　**予算の先議**――国のお金を扱う予算案審議は、衆議院が先に行う。

2　**予算の議決や、条約の承認での衆議院の優越**――衆議院で可決されたのち、参議院が30日以内に議決しない場合、衆議院の議決がそのまま国会の議決となる。

3　**内閣総理大臣の指名**――両院の議決が異なる場合、あるいは参議院が10日以内に議決しないときは、衆議院の議決が国会の議決となる。

4　**内閣不信任案の決議**――参議院には決議権がない。

さて、衆議院にしかない「解散」には、二通りのケースがある。一つは首相と衆議院の意見が対立して、衆議院が「内閣不信任決議案」を可決した場合。この場合は、首相が辞任し内閣が総辞職するか、衆議院を解散して総選挙をするか、いずれかの方法がとられる。もう一つは、首相が自身の政権運営について国民の信を問うために、衆議院を解散する場合だ。

なお、衆議院が解散している間、国会の議決が緊急に必要となった場合、参議院だけが召集され、緊急集会が開かれる。

そもそも「内閣」といえば、誰のことなのか

「内閣って誰のこと？」と聞かれて答えられるだろうか？　内閣は、ふだんわれわれが「政府」と呼んでいるものと、ほぼ同じだ。国会が国の政治の方針を決める機関であるのに対して、内閣は、国会で決められた法律や予算に基づいて、実際に政治運営を行う行政の最高機関である。

内閣のトップは内閣総理大臣だが、総理大臣に指名されるためには、

1　国会議員であること

2　軍人ではなく、文人でなければならない

という条件が憲法に定められている。

憲法上、軍隊をもたなくなって久しい日本には、「軍人」は存在しないが、憲法が制定された終戦直後は、旧日本軍人が現役世代だったため、あえてこの一文が加えられたと見られる。

さて、新総理が最初に行う仕事は、国務大臣を選んで、内閣を編成する「組閣」である。内閣のメンバーは、総理大臣と国務大臣で、国務大臣は各省のトップとして、それぞれの仕事を監督する。

また、閣僚の過半数は、国会議員から選出することが規定されているが、それ以外は民間からの登用も可能だ。

このように、国会議員の中から総理大臣が選ばれ、総理大臣が内閣を編成する政治制度を「議院内閣制」と呼ぶ。アメリカのように、国民が直接、行政のトップである大統領を選出する「大統領制」とは異なり、立法権を担う国会と、行政権を担

う内閣が深く関わって政治をすすめるのが特徴だ。

では、内閣は具体的にどんな仕事をしているのだろうか？　まずは、国の予算案を国会に提出し、決められた予算を実行するのが重大な任務。国の基本政策を決定し、行政を行うための法律案や政令をつくる。国を代表し、外国との交渉や条約を結んだりするのも内閣の仕事だ。

また、法律・政令・条約の公布、国会の召集、内閣総理大臣の任命といった天皇の国事行為には、内閣の助言と承認が必要とされている。

「首相」と「大統領」はどう違うか

日本の首相とアメリカの大統領では、大統領のほうが、強力なリーダーシップを発揮しているように見えることだろう。その違いはどうして生じるかというと、基本的には、大統領と首相の選ばれ方と権限の違いに由来する。

日本のような議院内閣制の国では、首相は与党のトップから選ばれ、大統領ほどの強力な権限を与えられていない。たとえば、日本の場合、首相は内閣を代表し、各大臣を指揮・監督する力をもつものの、その力が行使できるのは、基本的に閣議で閣僚全員が賛成しているときだけである。閣議決定は全会一致が原則なのだ。ただし、首相は国務大臣を罷免《ひめん》する権限をもっているので、反対者がいる場合は罷免して全会一致にすることは可能だ。

一方の大統領は、国民の直接選挙で選ばれる存在であり、首相以上に大きな権限を与えられている。たとえば、米国の場合、大統領は行政組織のピラミッドの頂点に立ち、各省庁の長官とは完全な上下関係にある。各長官は、大統領の命令を全面的に受け入れなければならない立場にある。

もっとも、「議会対策」という点では、日本の首相のほうが動きやすい面もある。日本の首相は、通常与党のトップでもあるため、閣議決定されたことを国会の審議を経て通すのは比較的楽だ。

一方、アメリカの大統領の場合は、大統領が民主党なのに、議会では共和党が多数を占めているということもある。大統領の提案した政策が、議会で否決され、廃案になることも少なくないのだ。

国のお金はどう流れるか覚えていますか？

家庭のやりくりと同じで、国を運営するにはお金が必要だ。しかし、現在、日本の国家財政は、1300兆円近い借金をかかえ、〝日本の家計〟は火の車というのは、ご存じのとおり。大切な税金の使い道に関わる予算がどのように決められているのか、流れを把握しておこう。

一般家庭では、ふつう給料が入ってきてから、使い道を決めるものだが、国の場合はそれと逆で、使い道がまず決められ、必要な金額をどのように集め、どうやって使うかを併せて計画する。その予算編成作業は、半年以上かけて行われている。

まず最初に、各省庁から来年度の事業計画が提出される。たとえば、国土交通省なら高速道路をどうするか、といった取り組みたい事業を各省庁がそれぞれ考えた上、一年間に必要な金額を算出し、財務省に提出する。これが「概算要求」と呼ばれるものである。

財務省は、各省庁から提出された金額や内容が妥当であるかを査定し、その結果を内閣へ伝える。内閣は、この財務省の報告をもとに「予算案」を作成し、1月に召集される通常国会で審議にかけ、可決されると、決定となる。

国会での審議は、予算案はまず予算委員会で議論され、公聴会などを行ったあと、衆議院本会議で採決され、可決されると参議院へ送られる。その後、参議院でも同様に可決されれば予算成立だ。なお、前述したように、予算案は衆議院の優越によって、参議院で否決されても成立となる。

また、年度の途中で、予算が足りなくなった場合には、補正予算が組まれる。また、新年度までに予算が決まらない場合は、「暫定予算」という仮の予算が組まれる。

一方、国の収入のほうはどのように集められているのだろうか？

国の歳入には、租税、印紙収入、公債金などがある。租税は、国税と地方税に分けられ、国が歳入としているのは、法人税や所得税、消費税の一部、相続税、酒税などの国税である。

なお、地方税は、地方公共団体が集める税金で、住民税、事業税、消費税の一部、固定資産税など。

公債金は、国や地方が個人や企業から借りるお金。国が発行する国債と、地方が発行する地方債の二つがある。

立法、行政、司法の「三権」の関係を簡単にいうと…?

「三権分立」は、フランスの政治思想家モンテスキュー(1689~1755)が提唱した権力分立の考え方で、民主主義政治の基本とされている。

海外には、さまざまな国の体制があるが、国民がもっとも苦しめられてきた政治体制は「独裁国家」だろう。その原因は多くの場合、権力の過度な集中によるものだ。

国家権力が一つに集中すると、国民の権利や自由が侵害される危険が高くなる。そこで、権力をいくつかの機関に分けることで、権力の暴走や癒着を防ぐのが「三権分立」の考え方である。

三権分立の三権は、「立法」「行政」「司法」の三つで、日本の政治では、次のように憲法で規定されている。

立法権――「国会は、国権の最高機関であって、国の唯一の立法機関である」(第41条)

行政権――「行政権は、内閣に属する」(第65条)

司法権――「すべて司法権は、最高裁判所及び法律の定めるところにより設置する下級裁判所に属する」(第76条1項)

そして、これらの三権は、互いに牽制しあう仕組みが設けられている。

たとえば国会は、内閣に対して、内閣総理大臣の指名と不信任案の決議をする権限をもつ。裁判所に対しては、弾劾《だんがい》裁判所を設置し、裁判官を裁判することもできる。

それに対して裁判所は、違憲立法審査権をもつ。これは、国会が成立させた法律が憲法違反ではないか審査する権利のこと。また、内閣の命令や規則、処分が憲法に違反していないかを審査する権利ももっている。

一方、内閣には、衆議院を解散したり、国会を召集する権利がある。また、司法権に対しては、最高裁判所の長官を指名し、裁判官を任命することができる。このように、三権は三すくみの構造になっているのだ。

知らないでは済まされない「裁判」の仕組み

一般市民にとって、裁判所はなじみの薄い場所。なるべくなら関わりたくないし、「自分の人生とは無縁の存在」と思っている人が多いことだろう。

しかし、裁判員制度が設けられたことで、そうとは言いきれなくなってきた。まったく関わりのない人の事件を〝裁く側〟として関わる可能性があるからだ。そこで、裁判の種類や裁判所の組織など、基本的なことをおさえておきたい。

では、まず裁判の種類から。裁判には、民事裁判、刑事裁判、行政裁判の三つがある。このうち、民事で扱うのは、お金の貸し借りや土地のトラブル、交通事故の補償など。民事裁判は、個人間の争いごとを解決するために行われる裁判だ。

刑事裁判は、強盗、傷害、殺人、放火など、犯罪に手を染めた者を裁く場。無罪

■三審制とは？

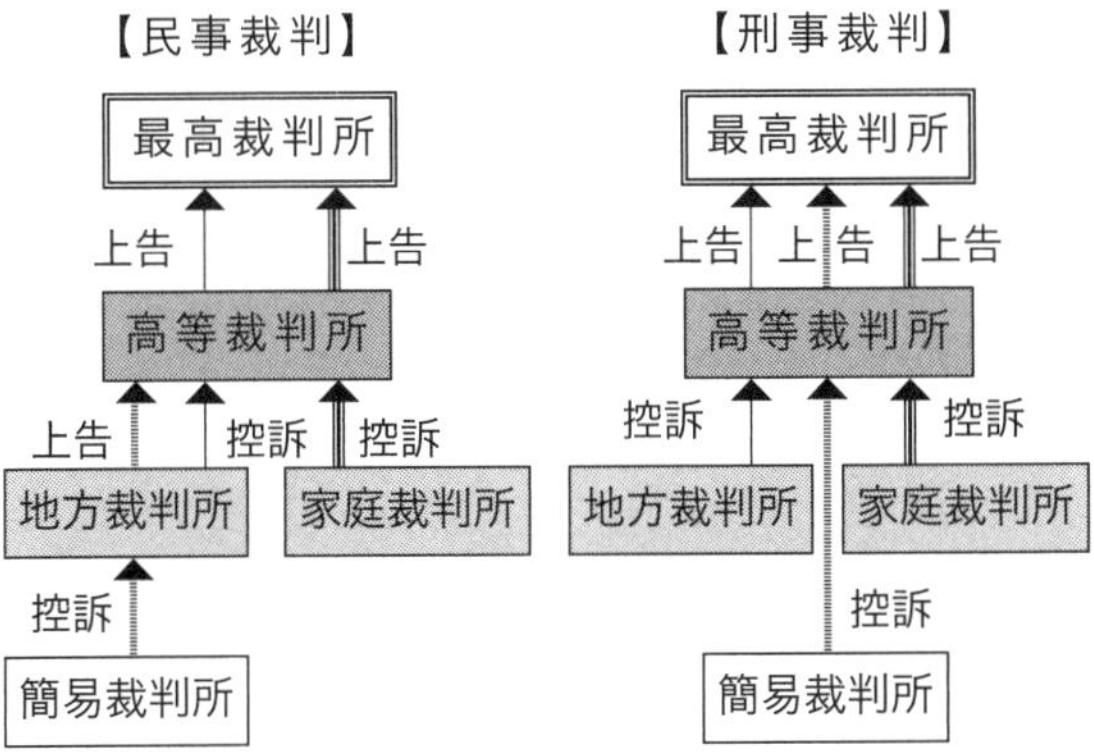

か有罪かを判断し、有罪の場合、どのような刑を与えるかを決定する。行政裁判は、国民が国や地方自治体を相手どって起こす裁判のことをいう。

これらの裁判が行われる場所には、最高裁判所、高等裁判所、地方裁判所、家庭裁判所、簡易裁判所があり、最高裁判所に対して、それ以外の四つを下級裁判所と呼ぶ。それぞれ、どんな事件を扱うのかを見てみよう。

簡易裁判所――少額の賠償訴訟や、罰金以下の刑罰など、小さなトラブルや軽い罪を速やかに裁くことを目的としている。

家庭裁判所――少年犯罪と、離婚調停など、家庭内の争いごとを扱う。

地方裁判所——第一審を行うほか、民事裁判では、簡易裁判所の事件の控訴審を行う。

高等裁判所——おもに、簡易裁判所、家庭裁判所、地方裁判所を第一審とする事件の控訴審を行う。

最高裁判所——司法権の最高機関に位置づけられる。裁判所の判決を最終的に決める上告審を扱う。

最高裁では、下級裁判所の判決に不服がある人の申し立て（上告）によって、最後の裁判（第三審）が行われる。裁判が三審まで設けられている（三審制）のは、裁判を公正で間違いのないものにするためだ。

三審（最終審）で決まった判決は通常変えられない（判決の確定）が、新しい証拠が見つかったり、重大な事実の誤りがわかった場合は例外で、被告人は再審を求めることができる。重い罪が言い渡された事件でも、のちに再審で無罪になったケースは過去にいくつもある。

実際のところ、地方自治って どういう意味？

新聞やテレビのニュース解説などを見ていると、「地方自治が機能していない」とか、「地方自治体の責任は」といった言葉が頻出する。この「地方自治体」とは、いったい何のことだろうか？

地方自治体は、中央（国）の行政機関に対して、地域の行政機関のこと。同じ日本でも、沖縄と北海道では自然環境や産業、文化がまったく異なるので、地方には地域の実情に合わせた行政が必要となる。そこで、国からある程度独立した地方自治体が、その地域に合った行政の運営を行っている。

地方自治体（地方公共団体）は、地方自治が行われる一つひとつの行政区画のこと。都道府県と市町村という普通地方公共団体と、特別区の東京23区のような特別地方公共団体などがあり、それぞれ税源や事務の権限が異なっている。東京23区の各区は、市町村と並ぶ行政区画であり、市と同じ働きをしていると考えていい。

といわれても、地方自治体が何をしているところか、いま一つピンとこない人も多いだろう。国会はテレビ中継されるが、地方の国会に当たる「議会」や、そこで議題とされている内容が注目される機会は、あまりないからだ。

まず、その仕組みを説明しておくと、地方議会には、都道府県議会や市町村議会がある。いずれも一院制で、議員の任期は4年間。議会では、その地域で守らなければならない条例をつくったり、予算を決めたりしている。

一方、国の内閣にあたる行政機関は、都道府県の場合は知事、市町村では市長・町長・村長である。その任務は地方自治の最高責任者として行政をすすめることである。知事も市町村長も直接選挙で選ばれ、任期はともに4年。都道府県知事は満30歳以上、市町村長は満25歳以上で、選挙に出馬することができる。

中央が国の政治を運営するのに対して、地方自治体が請け負っているのは、地域の人々が住みよい環境を保つための身近な行政サービスだ。

たとえば、公園や公民館をつくったり、ごみ処理や焼却炉を整備してきれいな環境に保ったり、お年寄りや体の不自由な人が安心して住めるように手助けするなど、治安維持、社会福祉、経済・文化・社会の発展のために行われる身近な行政を担っている。

また、国税の一部を集めたり、戸籍や統計などを、国に代わって行う「委任事務」も各自治体の役割である。

そういうことか…
日本国憲法の三つのポイント

「日本国憲法」について、第9条の「戦争の放棄」くらいしか覚えていないという人もいることだろう。ただ、それこそ、日本国憲法の最大の特色といえる。「平和憲法」と呼ぶ人もいるように、日本国憲法では「戦争を放棄する」ことが定められ、憲法の前文でも、「国民主権」「基本的人権の尊重」と並んで、「平和主義」が三大原則の一つに謳《うた》われている。

平和主義を憲法で具体的に謳ったのは、いうまでもなく、日本が第二次世界大戦に敗れたからである。1945年、日本はポツダム宣言を受け入れたが、その降伏条件として、戦争をすすめてきた軍部勢力を排除し、民主主義国家にすることが求められた。そこで、明治憲法を改正し、新憲法がつくられることになったのだ。

日本国憲法は、前文と11章、103カ条から成り立っている。ざっと内容をあげると、前文は日本国憲法制定のねらい、第1章は天皇の地位や仕事について、第2章は戦争の放棄、第3章は国民の権利および義務、第4章は国会、第5章は内閣、第6章は司法、第7章は財政、第8章は地方自治、第9章の憲法改正の手続き――という内容になっている。

そのうち、第1章の第1条には、「天皇は日本国の象徴であり日本国民統合の象徴であって、この地位は、主権の存する日本国民の総意に基づく」とある。今では「当たり前」の感覚だが、明治憲法では主権は天皇にあるとされていた。そこで新憲法では、天皇と国家との関係を明確に区別し、「国民主権」を明記したのだ。

ただし、日本側が当初つくった草案は、明治憲法とさして変わらない内容だった。それに激怒した連合国軍総司令部（GHQ）が、新憲法の事実上の草案をつくり、日本政府に突きつけた。日本政府はそれを受け入れ、手直しを加えた新憲法が国会を通り、1947年5月3日に施行されたのである。

このような経緯から、今の憲法はアメリカに押しつけられたものだと主張する人もいるが、戦争中、軍部におさえられて、自由にものもいえない暮らしを強いられていた人々にとって、自由と権利を保障する新憲法は大いに歓迎された。

憲法で保障された「基本的人権」を覚えていますか？

「人権に関わる問題だ」とか「それは人権侵害じゃないか！」など、よく耳にする「人権」という言葉。憲法では「人権」の前に「基本的」とつけられ、「基本的人権」が保障されていると書かれている。このことは何を示しているのだろうか？

日本国憲法が基本的人権について触れているのは、第3章の「国民の権利及び義務」。第11条に「国民は、すべての基本的人権の享有を妨げられない。この憲法が国民に保障する基本的人権は、侵すことのできない永久の権利として、現在及び将来の国民に与へられる」とある。

具体的に、どのような「人権」が守られているのかというと、人はみな法の下に平等で、差別されることがあってはならないという「平等権」がまずある。選挙権の平等や、男女の平等も別に条文が設けられ、その権利が保障されている。

　二つ目は「自由権」。具体的には「人身の自由」「精神的自由」「経済的自由」の3種類あり、まず人身の自由は不当に身柄を拘束されない権利のこと。犯罪者であっても人権が保障され、罰するには法的手続きが必要だ。精神的自由は、言論、学問、信教の自由のことで、経済的自由は、自由な売買や、職業選択の自由などが含まれる。ただし、これには「公共の福祉に反しない限り」という条件がつく。免許もないのに医療行為を行ったり、アブナイ薬を売る人が増えては困る。つまり、公共の福祉に反しない限りは権利がある、ということだ。

　もう一つの「社会権」は、国民が国に対して生活の保障を要求する権利のこと。自由権を与えられていても、病気で働けない人や災害で家も財産も失った人は、医者にも行けず、就職もままならない。それでは、自由に生きるどころか、人権をないがしろにすることになる。

　そこで、日本国憲法第25条1項では、「すべて国民は、健康で文化的な最低限度の生活を営む権利を有する」と規定している。これが「生存権」で、この条文に基づき、生活保護、医療保険などの社会福祉・保障制度が設けられているのだ。

また、能力に応じて等しく教育を受けられる権利や、国に対して働く機会が得られるよう求める勤労の権利、ストライキを起こす権利も保障されている。

ただし、国民は基本的人権を保障されている代わりに、義務も負わなければならない。それが「納税」などの義務である。

なぜ、米軍の基地が日本にあるのか？

日本に米軍基地が置かれる根拠となっているのは、「日米安全保障条約」。1951年に結ばれ、60年に改定されて、その後は10年ごとに自動延長されてきた条約だ。

この条約の趣旨は、「日本および極東地域の平和維持のために日米が相互協力する」というもの。日本をはじめ、極東地域が攻撃された場合、日米は力を合わせて戦うことを基本方針としている。

しかし、日本の自衛隊は、自国が攻められたときに自国防衛のためだけに戦う「専守防衛」を基本としている。他国が攻撃を受けたからといって、そこに武力を派遣することは基本的にはできない。

そこで、その代わりに、日本は、日本と極東の防衛のため、アメリカに基地用地を提供しているという理屈立てになっているのだ。

そうして置かれた米軍基地は、ご存じのように、沖縄県に集中している。その背景には、第二次世界大戦で、沖縄が戦場になり、米軍に占領された歴史をもつことがある。

戦いのあと、米軍に占領された沖縄は、1972年の本土復帰まで、占領下に置かれていた。その間、アメリカは、中ソの脅威に対抗するため、またベトナム戦争を遂行するため、沖縄の軍事基地を使い続けた。必要な土地は、畑だろうが住宅だろうが、わずかな地代で強制的に借り上げていったのだ。

沖縄返還後も、「駐留軍用地特別措置法」という法律に基づき、国（日本）が在日アメリカ軍の基地周辺を収用、使用できる制度が現在も続いている。

発展編〈憲法・政治・産業・地理〉

内閣と国会は、どちらが「強い」か

議院内閣制の日本では、内閣と国会は密接な関係にあるが、憲法では、両者の権力の大きさがどちらか一方に偏らないように、

「内閣総理大臣は、国会議員の中から、国会の議決でこれを指名する」（67条）

「内閣は、衆議院で不信任の決議案を可決し、又は信任の決議案を否決したときは、十日以内に衆議院が解散されない限り、総辞職をしなければならない」（69条）

「内閣は、行政権の行使について、国会に対し連帯して責任を負ふ」（66条3項）

などと規定している。

最初の二つは、内閣総理大臣は国会で選ばれ、国会が不信任決議をする、という

意味。三つめの条文にある「国会に対し連帯して責任を負ふ」というのは、そもそも議院内閣制は、内閣は国会の信任の上に成り立っているものだから、内閣は国会に対して責任を負わなければならない、という意味だ。

内閣を率いる総理大臣は、国民の直接選挙ではなく、国会内の選挙で選ばれる。したがって、内閣は「国会に対して」責任を負うことが求められるというわけである。

また「連帯して」というのは、総理大臣が辞めるときには、総理だけでなく、国務大臣も全員一緒に辞めるということ。

69条の内閣不信任案が可決されたときには、内閣が全員辞職するか、衆議院を解散して総選挙を実施するか、という二つの方法から選ぶことになる。。

憲法の条文にちなんで、不信任案が可決されて解散するのは「69条解散」、総理の意思で解散する場合は「7条解散」と呼ばれるが、不信任案が可決されて総辞職に至ったのは、これまでにたったの4例に過ぎない。

というのも、日本は長年、自民党が多数派を占めていたため、国会内で内閣不信任案が可決されるのは、めったにないことなのだ。

ちなみに、69条解散で有名なのは、吉田茂首相の「バカヤロー解散」と、大平正芳首相の「ハプニング解散」。大平政権のときは、自民党内の主流派と反主流派の関係が悪化し、社会党や共産党などの野党が提出した不信任案の採決時に、自民党反主流派が欠席したため、不信任案が可決。大平首相が即刻衆議院の解散に踏み切ったことで、初の衆参ダブル選挙となった。

一方、7条解散は、総理大臣の権限で時期を選んで解散することができ、ほとんどの解散は7条解散になっている。

法律は、どうやってつくられているか、いえますか

先にも触れたとおり、新しい法律は国会の場で審議され、原則として衆議院・参議院の両院で可決されることで成立するが、そこに至るまでには、厳しいチェックや審査が行われている。ここでは、新しい法案の立案から提出、審議までの道のりを追ってみよう。

法案は、内閣だけが出しているわけではない。委員会、調査会、それに国会議員が発議する法案もある。

それらと区別するために、内閣が提出するものを「内閣提出法案」「政府立法」、国会議員や委員会が発議するものを「議員提出法案」「議員立法」と呼ぶ。

もちろん、政府立法にせよ議員立法にせよ、法案を議会に提出するには、単に法律案を書いただけではNG。たとえば、議員立法の場合、発議者以外に、衆議院で20人以上、参議院で10人以上の賛同がいる。また、予算措置をともなう法案の場合は、衆議院で50人以上、参議院で20人以上の賛同議員が必要だ。

一方、内閣から提出される政府立法の場合はどうかというと、内閣の指示によって新しい政策のアイデアや、それにともなう法律を考える場合もあるが、いずれにしてもアイデアを法律化するのは、主に官僚の仕事となる。

法案の骨組みが決まったら、各省庁の担当課が法案の原案を作成し、同時に内閣法制局でチェックが行われる。法案に憲法違反がないか、条文の表現や用語にまずいところはないかなど、細かい確認作業を行うのである。

次に、与党内でチェックされたあと、閣議にかけられる。閣議というのは、内閣のメンバーで行われる会議のことだ。

その閣議で決定された法案は、衆議院先議の場合は、衆議院議長へ提出されることになり、常任委員会や特別委員会で趣旨説明や質疑応答などが行われ、委員会で可決、その後、本会議で採決され、参議院でも同じ手続きを経て、法案成立となる。

日本人なら確実に覚えておきたい日本の地形

さて、この項からは、小学校社会科のうち、「地理」に関する部分を振り返ろう。まずは、次の問題に答えていただきたい。

「日本列島の総面積は（　　）万平方キロメートルで、ロシアの面積にくらべると（　　）分の1、アメリカ合衆国や中国の（　　）分の1である」。

答え合わせをしておくと、日本国の総面積は約37・8万平方キロメートル。ロシアの45分の1、アメリカ合衆国・中国の25分の1の面積しかない。

その日本列島について復習しておくと、日本の国土の約4分の3（73％）が山地、

3分の2（67％）が森林。とりわけ、火山が多いのが、日本列島の特徴だ。今も噴煙をあげているのは、桜島、阿蘇《あそ》山、浅間山、雲仙《うんぜん》岳、三原山など。日本の象徴・富士山も活火山である。

では、川はどうだろうか。世界には海のように大きな川もあるが、日本はそもそも山国なので、急流がほとんど。川幅が狭く、四季の変化によって流出量が変化するので、かつては洪水を起こしやすい暴れ川が多かった。

そのなか、日本の三大急流は、松尾芭蕉の「五月雨をあつめて早し最上川」で知られる山形県の最上川と、静岡県の富士川、熊本県の球磨《くま》川。これらの川では、高い山から流れ落ちる急流のエネルギーを水力発電に利用してきた。

日本でもっとも大きい湖は、琵琶湖。滋賀県の面積の6分の1を占め、日本人にとっては「巨大」だが、世界的に見ればじつに小ぶりだ。琵琶湖は、世界最大の湖カスピ海とくらべると、わずか560分の1の大きさしかない。

というわけで、何においてもこぢんまりしているのが日本の地形の特徴だが、だからといって自然が穏やかというわけではない。世界で起きる地震の10分の1は日本近辺で発生するといわれる。日本の自然環境には、厳しい面もあるのだ。

「工業地帯」と「工業地域」は、どこがどう違う？

日本の工業は、戦前から、おもに太平洋の沿岸で発達した。現在、中高年世代の方は、日本の工業は京浜・中京・阪神・北九州の四つの工業地帯から発達し、これを「四大工業地帯と呼ぶ」と習ったはずだ。

ただし、現在の北九州は、ほかの三大工業地帯にくらべ、生産量が減ったため、現在の小学校では「三大工業地帯」として学習している。

これらの工業地帯は、首都圏から北九州の太平洋岸にかけて、まるで帯のように見えることから、「太平洋ベルト地帯」とも呼ばれている。

日本の工業は、かつての四大工業地帯をベースとして、戦後は、さらに各地で工業が活発化し、新しい工業地域が次々にできてきた。京浜工業地帯からのびた「京葉工業地域（千葉県）」、京浜・中京工業地帯の間にある「東海工業地域（静岡県）」、「瀬戸内工業地域」、「関東内陸工業地域」、「北陸工業地域」などだ。

■日本の工業地帯・工業地域

ここで「ハテ?」と思うのが、「工業地帯」と「工業地域」という呼び分けがあることだ。四大工業地帯は「工業地帯」と呼ぶのに、京葉、東海、瀬戸内工業地域などは、いずれも「工業地域」と呼ばれている。

これは、規模の大きさで区別しているのではなく、時期の違いによるもの。第二次世界大戦前から工業が発達したところは「地帯」、戦後に発達したところは「地域」と区別しているのだ。

日本の工業が沿岸部から発達し、「太平洋ベルト」を形成したことは先に述べたとおりだが、ではベルト状に工業地帯が広がったのはなぜだろうか？

その理由はいくつか挙げられるが、まず一つは、港が近い海沿いのほうが、資源の輸入や製品を輸出する際、内陸部よりコストが安く抑えられ、何かと都合がよかったこと。

また、工業地帯が各地に点々としているより、一つの地域に関連工場が集まったほうが、原料を有効活用できることや情報交換しやすいという利点もある。

そもそも、太平洋ベルト地帯は平野に恵まれ、気候が穏やか。大都市があって人口も多く、労働力や資本がある。とくに、京浜から東海、京阪神へ至るまでの平野部には、都市が連なっている。

実際、このエリア内の「中京工業地帯」は、現在、日本一の生産額を誇る。トヨタの自動車を中心に、東海市の鉄鋼、四日市市の石油化学などが日本経済を支えている。

そのほか、濃尾平野で古くから盛んだった繊維工業や、瀬戸・多治見の陶磁器などが今も健在で、窯業《ようぎょう》、繊維工業でも、愛知県が日本一の生産高を誇っている。

そもそも日本の農業の特徴はどこにあるのか

宮沢賢治の『雨ニモマケズ』の一節には、「一日に玄米四合と味噌と少しの野菜を食べ…」とある。「一日に玄米（コメ）を四合」といえば、現代ではびっくりするほどに多いが、昔の人はそれほどコメをよく食べていたのである。

日本人一人あたりのコメの年間消費量は、昭和初期は130キロもあったが、現在では50キロ余りにまで落ち込んでいる。食生活の欧米化で、コメ以外にパンを食べるようになったことや、おかずの量が増えたからだ。

日本では、狭い国土のなか、単位あたりの収穫量を増やす労働集約型の農業が展開され、おもにコメの生産を増やしてきた。しかし、昭和30年代からコメの消費が減りはじめ、コメが余るようになった。そこで政府は、1970年からコメの生産調整を実施し、農家に奨励金を出したり、コメ以外の作物に切り替える転作を推進し、減反政策をすすめた。

もっとも、それでも今なおコメが日本人の主食であることに変わりはない。日本でコメづくりが盛んなのは、〝日本の米蔵〟と呼ばれる東北・北陸地方である。道県別では、北海道、新潟、秋田、宮城、山形がコメどころとして有名だ。

これらの地方で稲作が盛んになったのは、広い平野や盆地があり、豊富な水量に恵まれた川や、雪解け水の利用など、自然環境によるところが大きい。ただし、日本のコメどころは豪雪地帯が多く、裏作ができないため、「単作」が多い。

一方、関東から西の地域は温暖多雨で、九州の筑紫平野のように「二毛作」が行われているところもある。二毛作は、同じ耕地で1年に2種類の作物をつくること。同じ耕地で同じ種類の作物をつくる「二期作」とは異なるので注意しよう。

一方、パンやうどんに欠かせない麦の生産はどうだろうか。かつては日本でも、小麦や大麦を盛んにつくっていたが、1960年代から生産量は大幅に減り、2022年度の小麦の自給率は約16％。消費量の大半を、アメリカやカナダ産の輸入小麦に頼っているのが現状だ。

日本人の食生活ではパンの比重が増してきたのに、麦の生産が減ったのは不思議に思えるが、じつは日本の小麦はパンの原料に適さなかったという理由があった。

その上、外国産小麦は安い。それでは、国内で増産されるはずもないのだ。

野菜も同様で、かつては100%近い自給率だったが、中国野菜などが輸入されるようになり、輸入量が年々増加している。

そもそも日本の貿易の特徴はどこにあるのか

マルコポーロに〝黄金の国〟と紹介され、大航海時代のヨーロッパ人の憧れを集めた日本。しかし、日本の本当の姿は、資源に乏しい国だ。

そんな国にとって、貿易は、足りない資源を補う手段として重要な意味をもつものだ。戦後、日本の工業が発展を遂げることができたのも、石油やガス、石炭、木材などのエネルギー資源や工業原料を他国から輸入する代わりに、それらを使って工業製品をつくって輸出したからだ。

このように、原料を輸入し、それを加工して工業製品を売ることを「加工貿易」と呼ぶ。日本の貿易はその典型的なスタイルといえ、資源の乏しさを高い技術力でカバーしてきたのだ。

しかし、輸出ばかりに力を入れていると、貿易相手国の産業を脅かすことになる。かつて日本とアメリカで貿易摩擦が生じたのは、日本が、自動車をほぼ自由に輸出できたのに対し、アメリカからの農産物の輸入を制限していたことが主因だったといえる。

そこで日本政府は、アメリカ産牛肉・オレンジの輸入自由化を行い、他の農産物を含めて関税率を引き下げるなど、摩擦をなくす努力を続けてきた。

関税は、外国からの輸入品にかける税金のことで、関税を課すことで輸入量を制限するシステムだ。安い製品が外国からどんどん入ってくると、自国商品が売れなくなってしまう。そこで、関税をかけて輸入量を制限するのだ。

現在の日本は、世界のほとんどの国と貿易を行っているが、輸出・輸入ともにアメリカを抜いて最大の貿易相手国となっているのは、中国である。14億人の人口を抱える中国市場に日本製品が輸出される一方、中国からは安価な製品が多く入ってきている。結果、アメリカを抜いて最大の貿易相手国となっている。

その他の国では、中東のペルシャ湾岸の国々から石油を輸入しているほか、最近では韓国、台湾、香港、シンガポールなど、新興工業経済地域との間の貿易が増加している。

太平洋地域では、オーストラリアから、鉄鉱石や石炭、羊毛や肉類などを多く輸入している。

ニュースでよく聞く「少子高齢化」問題の正しい読み方

少子高齢化がすすむ日本。2021年のデータでは、日本の女性ひとりが一生に生む子供の数は、1・30人まで落ち込んでいる。このまま少子化が進めば、人口がどんどん減り、いずれ日本から人がいなくなってしまうのでは？ と心配する声もある。

ただし、今でも日本は、世界で11番目に人口が多い国だ。2022年の推計では、日本の総人口はおよそ1億2510万人。

次に、日本の人口密度を見てみよう。人口密度は、1キロ平方メートルあたりの人数で、日本では約３３０人。人口１億人以上の国では４番目に高い。

ほかの国はどうかというと、人口14億人の中国でも、人口密度は１４９人。やはり人口14億人のインドは４７３人。人口１億人以上の国の中でもっとも人口密度が高いのはバングラディシュで、１キロ平方メートルあたり１３０１人だ。

バングラディシュには遠く及ばないものの、日本では狭い国土に大勢の人が住んでいることがわかるだろう。

しかも、人口の地理的な分布に大きな偏りがある。日本では、関東から北九州へ至る工業地帯「太平洋ベルト地帯」に人口が集中し、なかでも東京・名古屋・大阪を中心とする半径50キロ圏内に集中している。国土の６％に過ぎない面積に、人口の40％が住んでいるのである。

過密とは逆に、過疎が問題になっているのは、北海道、東北、北陸、山陰、南九州など。とくに山間部では、過疎とともに高齢化も深刻な問題となっている。

ところで、よく「高齢化社会」「高齢社会」などというが、これは「最近、なんだかお年寄りが増えたよねえ」という漠然としたニュアンスで使われているわけではない。65歳以上の老年人口が、総人口の７％をこえると「高齢化社会」、14％をこえた場合は「高齢社会」といって区別することになっている。

世界一位の漁獲量を誇った日本に起きている大変化とは?

戦後、日本の食生活は欧米化がすすんで肉食が増えたが、それでも現在なお日本は、世界有数の水産物の消費国だ。

日本で水産業が盛んになった第一の理由は、もともと日本近海によい漁場があったこと。よい漁場の条件は、魚のエサとなるプランクトンが豊富なことであり、日本近海でその条件を満たしているのが、千島列島付近から三陸沖にかけて親潮と黒潮がぶつかり合う三陸漁場。サンマやカツオ、マグロ、タラ、イワシなどがよくとれる。

むろん、日本人の食欲を支えるためには、陸の近くの漁だけに頼っているわけにはいかない。そこで、「沿岸漁業」のほかに、「沖合漁業」や「遠洋漁業」が行われている。

沿岸漁業は、日帰りできる範囲の漁場で、10トン未満の小さな漁船で行う漁業。陸地が見えるくらいの近所の海で漁をするため、その土地ならではの魚がとれるのが特徴だ。日本の漁師の85％が沿岸漁業者である。

一方、沖合漁業は、10トン以上の船で、30～50キロの沖合まで出かけ、数日間で帰ってくる漁業。獲物はアジ、サバ、イワシなどの大衆魚が中心になる。

遠洋漁業は、大型漁船で遠く離れた漁場で行う漁業のこと。いったん出発すると早くて一カ月半、長いと数カ月～1年以上も日本を離れる場合もある。狙いは、マグロやカツオなどである。

遠洋漁業では、かつては外国の沿岸の大陸棚で操業していたが、200海里水域（排他的経済水域）が定められるなど、自由に魚をとることが難しくなって、漁獲量は減ってきている。日本は1972～1988年まで、漁獲量年間1千万トンをこえ、世界一位だったが、現在ではその3分の1以下。現在のトップは中国だ。

遠洋漁業の衰退にともなって、最近注目されているのが養殖業だ。とるだけの漁業から、作り育てる漁業へ移行するため、養殖や栽培漁業が盛んになっているのだ。

養殖業のメリットは、遠くまで漁に出かける必要がないことと、豊漁・不漁に左右されにくいため、計画的に出荷できることだ。

地球儀をキチンと見るちょっとしたコツ

地球儀は、使い慣れていない人にとって、不思議なことが二つある。一つは、くるくると回せるのに、角度が自由に変えられない点。もう一つは、どの地球儀を見ても、微妙に傾いていることだ。その理由は、地球儀は、実際の地球を正確に縮めて模したものだから。角度がついているのは、自転軸に合わせているからだ。地球の北極と南極を結ぶ地軸は、太陽を回る面に対して約23・4度傾いている。そのため、地球儀にも同じ角度をつけてあるのだ。

見方のポイントとしては、地球儀に引かれている経線と緯線に注目してみるといい。地球儀には、縦と横の線が引いてあるが、地球儀の縦方向にある線が「経線」である。イギリスのグリニッジ天文台があった場所を0度として、その右側（東側）が東経、左側（西側）が西経で、それぞれ180度までである。

一方、横方向に引かれているのが「緯線」。これは赤道を0度として、南北90度まである。北緯90度が「北極点」、南緯90度が「南極点」を表し、地球儀では、その部分がちょうど軸で固定されている。

地球をそのまま縮めた地球儀は、2点の距離や方位を正しくはかることができるが、その一方で、地図は、丸い地球を平面に写しとっているので、それらのすべてを正しく表すことはできない。どこかが歪んでしまったり、距離が違ってしまう。そのため、地図の場合は距離、面積、方位のどれか一つに重点を置いて描かれている。

このうち、面積を正しく表す工夫がなされた地図を正積図法と呼び、モルワイデ図法、サンソン図法などがある。平べったいたまねぎのような形をした地図で、分布図などに利用される。

また、緯線と経線が直角に交わり、角度の関係を正しく示した地図を正角図法と呼び、メルカトル図法がその代表。航海用の海図などに利用されているが、高緯度ほど面積や形が拡大され、不正確なものとなる。

縮尺、等高線、地図記号…
地図はそう読めばよかったのか

近年、地図の読み方がわからない人が増えているという。「車にはカーナビがあるし、別に地図なんか読めなくても平気」というわけだが、資料の作成など、ビジネスの場でも地図を使う機会は多いはず。地図を上手に利用するために、基本的な約束事を知っておこう。

まずは、ごくごく基本的なことから。ふつうの地図は、上が北で下が南になるよう描かれている。むろん、この場合、右は東で左は西である。このような方位で表せないときは、方位記号で方位を示すことになっている。

地図にある縮尺は、実際の距離が、地図上でどれくらい縮めて描いてあるかを示す割合。

また、地図を利用するとき、目印となる建物や線路などを記した「地図記号」を覚えておくと、目的地を探しやすい。地図に疎《うと》い人でも、温泉マークくらいはわか

■地図記号を覚えていますか？

るだろう。そのほかにも、市役所、町・村役場、保健所、郵便局、寺社、交番、病院、学校などはおさえておきたい。

さて、ここからは地図の種類を見ていこう。まず、土地の高低を見るときには、「等高線式地図」が用いられる。海面から同じ高さになる距離を結んだ線を「等高線」と呼び、それを真上から見たように表した地図のことである。

見方のポイントは、等高線の幅。等高線と等高線の間隔が狭いところは、土地の傾きが急で、等高線のあいだが広いところは、傾斜がゆるやかになっている。

これに色付けしたものが「段彩図」で、平野など標高の低い場所は緑色、少し高くなった台地はそれよりもうすい緑色、山地など標高が高いところは茶色などで色分けして表す。

このほか、短いくさび形の線を傾斜の方向に並べて描いた「けば式地図」や、土地の高低を立体的に見せるよう影をつけて表現した「ぼかし式地図」などがある。

これらの地図はいずれも平面図だが、地形の表し方には、このほかに鳥瞰《ちょうかん》図、断面図もある。断面図は言うまでもなく、地形をタテに切って断面にしたもの。鳥瞰図は、空を飛ぶ鳥のように、地上を斜め上から見下ろしているような視線で表現されたもの。山の形や建物が立体的に表現できるので、視覚的に分かりやすい。

これ以外にも、地図には「気候図」「土地利用図」「交通図」のように、特定の目的にしぼって描かれた地図がある。ふつうの地形図を「一般図」と呼ぶのに対し、それらは「特殊図」と呼ばれる。

発展編〈歴史〉

以下は、小学校の「社会」の教科書や参考書、問題集、あるいは小学生向けの読み物に登場する日本史上のビッグネームです。誰のことか、覚えているでしょうか？

日本史上有名な10人の天皇です。誰のことでしょう？

① 壬申《じんしん》の乱に勝って即位した天皇です。初めて「天皇」を名乗りました。

② 天武天皇の后ですが、自らも天皇になりました。律令国家の体制を整えました。

③ 東大寺を創建した天皇です。

④ 平安京建設を命じた天皇です。

⑤ 子だくさんの天皇で源氏の生みの親、「三筆」の一人でもあります。

⑥ 鎌倉幕府に敵対、兵を集め、承久の乱を起こした上皇です。

⑦ 建武の新政を打ち立てた天皇です。

⑧ 後三条天皇の子で、上皇となり、院政を本格的に開始しました。

⑨ 平家一門とともに壇ノ浦で入水した天皇です。まだ、8歳でした。

⑩ 幕末、妹の和宮を14代徳川将軍・家茂《いえもち》に降嫁させた天皇です。

〈解答〉

①**天武天皇**（631?～686）……第40代天皇。天智天皇の弟。天智天皇の死後、古代最大の内乱である壬申の乱を起こす。勝利後、飛鳥浄御原宮《あすかのきよみはらのみや》で即位。「大王」という称号を廃し、初めて「天皇」を名乗った。

②**持統天皇**（645～702）……第41代天皇。天智天皇の娘。夫は大海人皇子（後の天武天皇）。天武天皇の死後、政務をとり、自ら天皇となる。飛鳥浄御原令を制定し、藤原京を完成させた。

③**聖武天皇**（701～756）……第45代天皇。政治不安や疫病、飢饉の連続から、仏教による鎮護国家の思想に傾倒、大仏建立の詔を発した。大仏開眼供養の儀式は、国際色豊かな大イベントとなった。

④**桓武天皇**（737～806）……第50代天皇。仏教勢力の影響力が強くなった平城京を嫌い、長岡京、続いて平安京に遷都。ほかにも、蝦夷地遠征など、さまざまな積極的政治を行った。

⑤**嵯峨天皇**（786～842）……第52代天皇。桓武天皇の第2皇子。藤原薬子の乱にあったが、坂上田村麻呂を起用して乗り切る。空海らとともに、三筆の一人。子供の数が多く「嵯峨源氏」を生み出すことになった。

⑥**後鳥羽天皇**（1180〜1239）……第82代天皇。土御門天皇に譲位後、院政を行う。鎌倉幕府に対して強硬姿勢をとり、執権・北条義時追討の院宣を出すも完敗。隠岐へ配流され、その地で崩御した。

⑦**後醍醐天皇**（1288〜1339）……第96代天皇。天皇親政を目指し、楠木正成らの協力で、鎌倉幕府を滅亡に追い込む。代わって、建武の新政を始めるが、急激な改革は反発を招き、足利尊氏の造反に屈する。吉野に逃れて、南朝を開く。

⑧**白河天皇**（1053〜1129）……後三条天皇の第1皇子。天皇即位後、堀河天皇に譲位、上皇となり、院政を本格的に実現させて、藤原摂関家による権力独占を切り崩した。

⑨**安徳天皇**（1178〜1185）……第81代天皇。高倉天皇の第1皇子。わずか3歳で即位。1183年、平家が西国に追われると、以後、平家とともに転々とする。平家滅亡の戦いとなった壇ノ浦合戦で、祖母に抱かれて入水したと伝えられる。

⑩**孝明天皇**（1831〜1866）……第121代天皇。明治天皇の父。幕末、攘夷から開国へと揺れた日本にあって、終始攘夷の立場をとり、公武合体運動を推進。突如発熱し、崩御。毒殺説も噂された。

日本史上有名な10人の権力者・政治家です。誰のことでしょう？

①　中臣鎌足《なかとみのかまたり》の息子。大宝律令、養老律令の制定を主導しました。

②　藤原家の全盛期を築きました。「御堂《みどう》関白」とも呼ばれます。

③　保元・平治の乱に勝ち抜き、武士として初めて太政大臣になりました。

④　鎌倉幕府の基礎を築いた執権です。後鳥羽上皇から追討の対象にされました。

⑤　18歳の若さで鎌倉幕府の執権となり、モンゴル軍を二度、撃退しました。

⑥　金閣寺を建てた室町将軍です。

⑦　京都に銀閣寺を建てた室町将軍です。

⑧　日本の初代首相です。

⑨　不平等条約の一つ、治外法権を撤廃させた外務大臣です。

⑩　サンフランシスコ講和条約に調印した首相です。

〈解答〉

①**藤原不比等**（659〜720）……中臣鎌足の次男。大宝律令、養老律令の編纂を主導、当時の政界の重鎮となる。娘・宮子を文武天皇の妃に。続いて娘・光明子を聖武天皇に嫁がせ、天皇家と藤原家を結びつけた。

②**藤原道長**（966〜1027）……平安中期の公家。長女の彰子を一条天皇、次女の妍子を三条天皇、四女の威子を後一条天皇の中宮とし、外戚としての存在感を増し、政治の実権を握る。

③**平清盛**（1118〜1181）……平安末期の武将。保元・平治の乱に勝利し、平家の全盛時代を築く。南宋との貿易の拡大に力を注ぎ、福原に遷都。ただし、あまりに急速な権力拡大と改革は反発を招き、死後の平家滅亡につながる。

④**北条義時**（1163〜1224）……鎌倉幕府の執権政治の基礎を築く。源頼朝の死後、鎌倉幕府の実権を掌握、京都朝廷と対立する。後鳥羽上皇から打倒対象とされ、承久の乱となるが、これに圧勝。全国に幕府権力を拡大した。

⑤**北条時宗**（1251〜1284）……鎌倉幕府8代執権。1268年、モンゴルが朝貢を迫ってくるなか、18歳の若さで執権となる。その後、二度にわたるモンゴル軍の日本侵攻に対処、撃退した。

⑥**足利義満**（1358〜1408）……室町幕府3代将軍。南北朝合一を果たし、有力守護大名を制圧して幕府権力を確立した。室町幕府の最盛期を築き、北山山荘の金閣寺をはじめとする北山文化を開花させる。

⑦**足利義政**（1436〜1490）……室町幕府8代将軍。応仁の乱に将軍として対処できず、政治への興味を失う。乱の後、京都東山に建てた山荘（後の銀閣寺）に移り、趣味の世界に溺れた。

⑧**伊藤博文**（1841〜1909）……長州藩出身。倒幕活動に参加。明治新政府では、初代首相、初代枢密院議長、初代貴族員議長など、各組織の初代を歴任した。

⑨**陸奥宗光**（1844〜1897）……外交官、政治家。和歌山藩を脱藩し、海援隊に参加。維新後、ヨーロッパに留学したのち、外務省に入省。第二次伊藤博文内閣で外相を務め、不平等条約改正や下関条約の締結に尽力した。

⑩**吉田茂**（1878〜1967）……戦前は外交官、戦後は政治家。戦後、幣原《しではら》喜重郎内閣のあとをついで、首相となる。連合国の占領下、敗戦国家を運営、日本国憲法を制定した。サンフランシスコ講和条約、日米安全保障条約にも調印した。

日本史上有名な10人の武将です。誰のことでしょう？

①　平安初期の武将。蝦夷を征討して、征夷大将軍になりました。

②　平安時代、「新皇」を名乗り、関東に独立王国をつくろうとしました。

③　一ノ谷の戦いなどの合戦に3連勝、平家を滅ぼしました。

④　戦国最強といわれた甲斐の武将です。「風林火山」の軍旗も有名です。

⑤　越後の武将です。「毘沙門天の生まれ変わり」を自称しました。

⑥　桶狭間の戦いで、織田信長軍に首を取られた武将です。

⑦　「独眼竜」と呼ばれた東北地方の戦国武将です。

⑧　織田信長の家臣で、主君を本能寺で討ちました。

⑨　賤ヶ岳の七本槍の一人として、秀吉公に仕え、後に熊本城を築きました。

⑩　関ヶ原の合戦で西軍を率い、敗れました。

〈解答〉

①**坂上田村麻呂**（758〜811）……平安初期の武将。東北で蝦夷と戦い、功績をあげる。征夷大将軍となり、胆沢《いさわ》城を築き、蝦夷のアテルイを圧迫、屈伏させた。平安時代を通じて最も優れた武将といわれる。

②**平将門**（?〜940）……平安中期の関東の豪族。下総を根拠として、戦いを繰り返すなか、東国に新国家建設を企て、関東8カ国を制す。京都の天皇に対抗し、「新皇」を名乗るが、藤原秀郷らに討たれ、平安京でさらし首にされた。

③**源義経**（1159〜1189）……源義朝の9男。平治の乱後、鞍馬寺に預けられたのち、奥州藤原氏を頼る。兄・頼朝の挙兵に応じて平氏打倒に参加。一ノ谷の戦いなどに勝利し、平家を滅亡に追い込む。その後、頼朝から追われ、奥州・衣川で自刃。

④**武田信玄**（1521〜1573）……戦国時代の武将。20歳のとき、父・信虎を追放、武田家臣団をまとめる。その後、領地を拡大する一方、治水など領国経営にも力をそそいだ。織田信長に対して西上を開始するが、病に倒れ、信濃で死去した。

⑤**上杉謙信**（1530〜1578）……越後の戦国大名。謙信は法名。上杉憲政から関東管領職を譲られる。合戦では圧倒的な強さを発揮しながら、戦後、領地を確保

しないという欲のなさが難点。生涯妻をめとらず、不犯を貫いたとされる。

⑥**今川義元**（1519〜1560）……駿河、遠江、三河を領有した戦国大名。東海道最強の勢力を築くが、桶狭間の合戦で織田信長軍によもやの敗北を喫し、首を取られた。

⑦**伊達政宗**（1567〜1636）……安土桃山、江戸初期の武将。畠山・蘆名氏を倒して奥州南部を制覇。豊臣秀吉の北条氏攻めの際、白装束で豊臣側の陣に現れて、秀吉に服属する。秀吉没後、徳川方に属し、仙台に62万石を認められる。

⑧**明智光秀**（1528頃〜1582）……安土桃山時代の武将。朝倉氏に仕えたのち、足利義昭の臣となり、織田信長と義昭を取り次ぐ。その後、信長に仕えて頭角を現すが、本能寺で信長を襲い、自刃に追い込む。直後、羽柴秀吉と山崎で戦い、敗死。

⑨**加藤清正**（1562〜1611）……安土桃山時代の武将。幼少より豊臣秀吉に仕え、多くの戦いで功績をあげ、賤ヶ岳の七本槍の一人となる。築城の名手でもあり、居城とした熊本城のほか、名護屋城、江戸城の普請にも携わる。

⑩**石田三成**（1560〜1600）……安土桃山時代の武将。秀吉に仕え、近江佐和山城主となる。太閤検地の中心役も果たす。関ヶ原の合戦では、西軍を主導するも大敗、斬首された。

日本史上有名な10人の女性です。誰のことでしょう？

① 邪馬台国の女王です。
② 万葉の女流歌人です。天智天皇と大海人皇子の間で三角関係にありました。
③ 平安中期の歌人で、『蜻蛉日記』を書きました。
④ 鎌倉幕府初代将軍の妻です。夫の死後、「尼将軍」とも呼ばれました。
⑤ 足利義政の妻です。悪妻の典型のようにいわれます。
⑥ 歌舞伎の祖といわれる女性です。男装で踊る姿がファンを集めました。
⑦ 3代将軍・徳川家光の乳母です。大奥の仕組みを整えました。
⑧ 公武合体のため、皇室から14代将軍・徳川家茂に嫁ぎました。
⑨ 明治時代の小説家。『たけくらべ』を書きました。
⑩ 明治時代の歌人、歌集『みだれ髪』の作者です。

〈解答〉

① **卑弥呼**（生没年不詳）……『魏志倭人伝』に記されている邪馬台国の女王。倭の大乱後、約30国が卑弥呼を共同の王に擁立したとされる。鬼道で衆を惑わしたとされる。政治を行うことはなく、弟が補佐した。

② **額田王**（生没年不詳）……『万葉集』に登場する女流歌人。はじめ大海人皇子（のちの天武天皇）の妻となり、のちに、大海人皇子の兄である天智天皇に寵愛される。『万葉集』に、額田王と大海人皇子がそれぞれへの思いをこめたとされる和歌が収録されている。

③ **藤原道綱母**（生年不詳〜995）……平安中期の歌人。藤原兼家の妻の一人。『蜻蛉日記』では、夫との結婚生活をはじめ、息子のことなどを客観的に綴った。女流日記のさきがけで、『源氏物語』をはじめ、多くの文学に影響を与えた。

④ **北条政子**（1157〜1225）……源頼朝の正妻。伊豆国の豪族・北条時政の長女。頼朝の死後、尼となるが、政治に介入し続け、当初は父・時政、時政隠退後は実弟・義時を表に立て、北条氏による執権政治への道をつくる。

⑤ **日野富子**（1440〜1496）……室町幕府8代将軍・足利義政の妻。男児に長く恵まれず、義政が弟・義視を後継と決めたあと、子・義尚を産む。義尚を将軍にするため、実力者に協力を依頼、それが幕府内の対立を呼び、応仁の乱の原因になった。

⑥**出雲阿国**（生没年不詳）……安土桃山時代の女性芸能者。出雲大社の巫女と称し、京都で念仏踊りを踊り、やがて「かぶき踊り」の名で人気を集める。それが阿国歌舞伎であり、のちに女歌舞伎に発展していく。宮中や伏見城にも招かれたとされる。

⑦**春日局**（1579～1643）……明智光秀の家臣・斎藤利三の娘。名は福。徳川家光の乳母となる。当初、家光は将軍後継争いで劣勢にあったが、春日局の尽力によって、将軍後継者の地位が確実になる。家光の将軍就任後、大奥の制度を整える。

⑧**和宮**（1846～1877）……孝明天皇の妹。有栖川宮熾仁親王と婚約していたが、幕府の強い要請を受けて、徳川家茂と結婚、幕府の押し進めていた公武合体運動のシンボルとなった。戊辰戦争の際は、江戸城無血開城と徳川家救済に尽力。

⑨**樋口一葉**（1872～1896）……小説家。東京生まれ。父の死後、生活苦から脱するため、小説家を志す。『うもれ木』で認められ、『たけくらべ』を幸田露伴から絶賛されて、地位を確立する。1年半で数々の作品を発表するも、肺結核により死去。

⑩**与謝野晶子**（1878～1942）……歌人。歌壇の革新を唱える与謝野鉄幹に師事、のちに妻となる。第一歌集『みだれ髪』でロマン派歌人としてのスタイルを確立。日露戦争に出征した弟に向けた詩「君死にたまふこと勿れ」を発表した。

日本の文芸分野の10人の有名人です。誰のことでしょう?

①『万葉集』の編者とされています。
②六歌仙の一人。『伊勢物語』のモデルとされる公家です。
③『好色一代男』『好色五人女』などを書きました。
④『曾根崎心中』の作者です。
⑤『東海道中膝栗毛』の作者です。
⑥明治時代の小説家です。『山椒太夫』や『阿部一族』を書きました。
⑦『破戒』『夜明け前』の作者です。
⑧詩集『邪宗門』を発行、「待ちぼうけ」などの童謡も作詞しました。
⑨『羅生門』『河童』を書いた作家です。
⑩『伊豆の踊子』の作者です。日本人初のノーベル文学賞を受賞しました。

〈解答〉

① **大伴家持**（718?〜785）……奈良時代の公家、歌人で、三十六歌仙の一人。『万葉集』の編者の一人とされ、『万葉集』には473首が収められ、全体の1割を超えている。

② **在原業平**（825〜880）……平安前期の歌人、六歌仙の一人。美男で、『伊勢物語』の主人公のモデルとされる。同物語にも登場する東下りの原因は、女性問題とみられる。

③ **井原西鶴**（1642〜1693）……江戸前期の浮世草子作家。大坂出身で、もとは俳諧師だったが、浮世草子の執筆をはじめる。主人公・世之介の性遍歴を描いた『好色一代男』のヒットで地位を確立。『日本永代蔵』や『武家義理物語』などを執筆した。

④ **近松門左衛門**（1653〜1724）……江戸中期の浄瑠璃・歌舞伎作者。武士出身。坂田藤十郎のために歌舞伎台本を書く一方、竹本義太夫のために浄瑠璃台本を書いた。『心中天網島』『冥土の飛脚』などの世話物、『国性爺合戦』などの時代物を執筆。

⑤ **十返舎一九**（1765〜1831）……江戸後期の戯作者。大坂の町奉行所で働いた後、浪人して浄瑠璃作者になる。江戸へ出て黄表紙、洒落本、人情本、狂歌集など

を著す。浮世絵師でもあり、自作の戯作に挿絵も描いた。

⑥**森鷗外**（1862〜1922）……石見国津和野出身。東京大学医学部卒業後、陸軍軍医となり、派遣留学生として、ドイツで4年間過ごす。帰国後は軍医として勤務する一方、翻訳、小説、評論などの文学活動を行う。『舞姫』、『山椒太夫』などを著す。

⑦**島崎藤村**（1872〜1943）……詩人・小説家。長野県生まれ。北村透谷とともに『文学界』を創刊、ロマン主義を掲げ、詩集『若菜集』で注目を集める。やがて自然主義文学に転じ、代表作『夜明け前』のモデルは実父。

⑧**北原白秋**（1885〜1942）……詩人、歌人。第一詩集『邪宗門』で、詩人としての地位を確立、『桐の花』で歌人としても認められる。童謡や学校の校歌の作詞も多数手がけた。

⑨**芥川龍之介**（1892〜1927）……小説家。東京大学在学中に菊池寛らと同人誌『新思潮』を刊行。『鼻』『羅生門』などで認められる。作品の大半は短編で、古典に題材をとった作品が多い。晩年は生死を扱った作品が増え、自殺に至る。

⑩**川端康成**（1899〜1972）……小説家。大阪市生まれ。横光利一らと同人雑誌『文藝時代』を創刊、新感覚派の代表的作家として活動。『雪国』『千羽鶴』『古都』など日本の美を表した作品を書き、日本人初のノーベル文学賞を受賞した。

日本史上有名な10人の僧侶です。誰のことでしょう？

①　中国から五度の失敗を乗り越え日本に渡ってきた僧です。
②　天台宗を日本に持ち帰りました。空海とはよきライバルでした。
③　真言宗を開きました。日本の「三筆」にも数えられます。
④　教団に属さず、念仏の教えを説いて回り、「市の聖」とも呼ばれます。
⑤　浄土宗の開祖です。
⑥　臨済宗の開祖です。喫茶の習慣を、日本にもたらしました。
⑦　悪人正機説を説き、浄土真宗の祖となりました。
⑧　曹洞宗の開祖です。越前に永平寺を開きました。
⑨　法華宗の開祖です。モンゴルの襲来を予言しました。
⑩　『徒然草』を書きました。本職は僧侶です。

〈解答〉

① **鑑真**（688～763）……唐時代の中国の僧。日本人留学僧の頼みに応じ、五度の渡航失敗を乗り越え、来日を果たす。律宗と正式な戒律を日本に初めて伝えた。東大寺に戒壇院を建立、聖武天皇・光明皇太后に授戒。ほかに、中国の建築様式、医学などを伝えた。

② **最澄**（766～822）……平安初期の僧侶。天台宗を開き、比叡山に延暦寺を建てる。空海らとともに唐に渡り、翌年帰国。その翌年に帰国した空海とは以後も交流があったが、最澄が頼んだ経典の借用を空海が拒絶。以降、険悪な仲になった。

③ **空海**（774～835）……平安初期の僧。留学僧として最澄らと唐に渡り、名僧・恵果から密教の神髄を伝授される。それが、のちに最澄に差をつけることになった。帰国後、高野山に金剛峯寺を開く。「弘法大師」の名は、死後に贈られた諡号。

④ **空也**（903～972）……平安中期の僧。醍醐天皇の第5皇子ともいわれる。唐からもたらされた念仏の教えに共鳴、阿弥陀仏の名号を唱えることを、公家から庶民にまで熱心に説いて回った。土木事業もさかんに行い、庶民の暮らしの救済に尽くした。

⑤ **法然**（1133～1212）……平安末期から鎌倉初期の僧。浄土宗の祖。当初、比叡

山で天台宗を学び、のちに「南無阿弥陀仏」と唱えれば、死後誰でも往生できるという専修念仏の教えを説いた。旧仏教の圧力を受け、讃岐に流されたこともある。

⑥**栄西**（1141～1215）……臨済宗の祖。天台宗を学んだのち南宋へ渡り、禅を学び、西国で布教を試みるが、旧宗派に阻まれ、鎌倉で活動、やがて鎌倉幕府から帰依を受ける。『喫茶養生記』を著し、抹茶の製法や喫茶が体によいことを伝えた。

⑦**親鸞**（1173～1262）……浄土真宗の祖。鎌倉初期の僧。法然に帰依し、旧仏教による弾圧によって、流罪となる。その後、自ら非僧非俗の「愚禿」を名乗り、農村にはいり、法然の思想をさらに徹底した「絶対他力」や「悪人正機説」などを唱える。

⑧**道元**（1200～1253）……鎌倉時代の僧。曹洞宗の開祖。13歳で出家、比叡山に学ぶが、天台宗に疑問をもち、比叡山を離れる。その後、臨済宗の開祖・栄西の弟子・明全に学び、宋にも渡り、曹洞宗を開く。著書に『正法眼蔵』。

⑨**日蓮**（1222～1282）……鎌倉時代の僧。日蓮宗の祖。「南無妙法蓮華経」の題目を唱えることを重視したところから、「法華宗」ともいわれる。主著は『立正安国論』。法華宗を信じなければ侵略があると警告、モンゴル襲来を予言したとされる。

⑩**吉田兼好**（1283頃～1352頃）……鎌倉後期から南北朝時代の歌人・随筆家、僧侶。本名は卜部兼好で、古代より神職を司る家柄。後二条天皇に仕え、従五位下左兵衛佐まで出世するも、30歳前後に出家。のちに『徒然草』を著す。

日本の学術分野の10人の有名人です。誰のことでしょう?

①　徳川吉宗公の時代に、サツマイモを普及させました。
②　エレキテルを日本に紹介しました。発明、戯作、油絵など多芸でした。
③　『古事記伝』を著し、国学を大成しました。
④　『解体新書』を刊行しました。
⑤　日本全国を測量、最初の日本地図を完成させました。
⑥　明治時代の初め、『学問のすゝめ』を書きました。
⑦　世界で初めて破傷風菌の純粋培養に成功しました。
⑧　アドレナリンを発見、初めて精製しました。
⑨　赤痢菌を発見しました。
⑩　黄熱病や梅毒の研究者です。黄熱病にかかり、病死しました。

〈解答〉

①**青木昆陽**（1698〜1769）……江戸中期の儒者、蘭学者。京都で学んだのち、江戸で徳川吉宗の側近・大岡忠相に見いだされる。サツマイモについての著書『蕃薯考』が吉宗の目にとまり、サツマイモ栽培が広く提唱されるようになった。

②**平賀源内**（1728〜1780）……江戸中期の異才。高松藩出身。長崎で蘭学、医学、油絵等、江戸で本草学、漢学などを学ぶ。長崎で入手したエレキテルを修理・復元。火浣布、寒暖計も発明したが、思うように世に受け入れられなかった。

③**本居宣長**（1730〜1801）……江戸中期の国学者。京都で儒学、医学を学び、松阪で診療所を開く一方、国学を学ぶ。『源氏物語』など平安文学を研究、「もののあはれ」を提唱、また『古事記』を研究、日本古来の精神への復帰を唱えた。

④**杉田玄白**（1733〜1817）……江戸中期の蘭方医。蘭語の医学書『ターヘル・アナトミア』の解剖図の正確さを知り、翻訳を決意。蘭日辞典のないなか、3年余りをかけて翻訳、『解体新書』の名で発行した。翻訳時の苦労談を『蘭学事始』として著す。

⑤**伊能忠敬**（1745〜1818）……江戸後期の測量家。上総国出身。養子先の伊能家で、商才を発揮、財を築く。50歳で家督を譲り、江戸で天文、暦学、測量術などを

学ぶ。幕命により、全国を測量、『大日本沿海輿地図』を完成させた。

⑥ **福沢諭吉**（1834〜1901）……教育者、思想家。慶應義塾大学の創設者。中津藩出身で、長崎・大坂で蘭語、江戸で英語を学ぶ。幕府の遣外使節に三度随行し、明治維新後は『学問のすゝめ』などを著し、教育と啓蒙活動に専念する。

⑦ **北里柴三郎**（1852〜1931）……医学者、細菌学者。熊本県出身。東京大学卒業後、ドイツでコッホに師事、破傷風菌の純粋培養に成功、さらに血清療法を開発する。帰国後、伝染病研究所の初代所長に就任。「日本細菌学の父」と呼ばれる。

⑧ **高峰譲吉**（1854〜1922）……科学者、実業家。富山県出身。英国に留学後、農商務省を経て、高峰研究所を設立。アドレナリンを発見、初めて精製する。強力消化剤タカジアスターゼも創製。三共（現・第一三共）の実質的創業者でもある。

⑨ **志賀潔**（1870〜1957）……細菌学者。宮城県出身。東京大学卒業後、伝染病研究所に入所、北里柴三郎に師事し、赤痢菌を発見する。ドイツに留学し、生物化学、免疫学を学ぶ。帰国後、慶應義塾大学医学部教授、京城帝国大学総長などを歴任。

⑩ **野口英世**（1876〜1928）……細菌学者。福島県出身。北里柴三郎の伝染病研究所に入所、渡米し、ロックフェラー医学研究所研究員に。梅毒の病原体スピロヘータの純粋培養に成功する。西アフリカで黄熱病研究中に罹患し、病没。

2時間目
理　科

身近な科学の疑問に答えられる人になるには？

基本編

文系でも覚えておきたい理系の基本①

――光の進み方

現在、小学3年生で習う「太陽の光をしらべよう」の授業は、どこの学校でも、子供たちが大騒ぎするほど、人気がある。虫メガネを使って、太陽の光を黒い画用紙に集める実験が行われるからだ。うまく光を集めるには、むろん太陽の位置と虫メガネの角度が大切になる。

最初の頃は、その加減がなかなか難しく、「光が一つに集まんない」「もっと傾けないとダメだよ」などといいながら子供たちは夢中になり、やがて「わっ、煙!」「紙が焦げてきた」といった声が飛び交い、教室は大いに盛り上がっていく。

子供たちは、それまでの授業で、光というものが、まっすぐ進むことを知っている。そして、その速度は、真空状態で1秒間に30万キロ、すなわち地球を7周半するほど速いことも知っている。また、夏の砂浜が、太陽の光でアツアツになることなどを通して、太陽の光が熱をもっていることも知っている。

そのうえで、子供たちは、虫メガネで太陽の光を一点に集めると、画用紙を燃やすほどのパワーが生じることを知る。近年は、虫メガネだけでなく、水入りのペットボトルで実験を行う先生もいる。水入りのペットボトルを通しても、虫メガネのレンズと同様に太陽の光が屈折して一点に集まるからである。

また、光が水で屈折することは、水槽やビーカーに箸を入れても確認することができる。水中に斜めに入れた箸が、折れ曲がって見えるからである。これは、箸に反射した光が水面に出る際、屈折するからで、人の目には、箸先の位置が、実際の位置より水面近くにズレて見える。そのため、箸先が折れ曲がったように錯覚するのである。この実験のことは、大人になっても覚えている人が多いはずである。

光の進み方の勉強では、「プリズム」を使った実験もする。プリズムは、ガラスでできた三角柱で、その一方から日光を入れると、7色（赤、だいだい、黄、緑、青、藍、紫）の光に分かれて出てくる。この実験によって、日光がプリズムを通ると、入るときと出るときの二度屈折すること。そして、その屈折率の違いで、日光に含まれる7色が別々に出てくることを学ぶ。

さらに、このプリズムによる実験が、虹の原理であることも学ぶ。虹は、日光が雨粒を通過する際、二度屈折することによってできる。虹は、日光が雨粒を通過しないと出来ないので、大空に架かる虹は、つねに太陽とは反対側にできることになる。

文系でも覚えておきたい理系の基本②
——音の伝わり方

こんな経験をご記憶の方もいるかもしれない。遠足で、田畑の広がる農村を歩いていると、遠くで、農家のおじさんが杭を打つ作業をしていた。おじさんの動きを見ていると、杭を打つ動作と、聞こえる「トン」という音がズレている。おじさんが木槌を振りおろし、杭を打ったあと、その木槌が再び宙に上がる頃、「トン」と聞こえてくる。それを見ながら先生が、「音と光は、進む速さが違うんだ。音より光のほうが遅いから、『トン』という音があとで聞こえるんだよ」と教えてくれた――。

また、かつては、次のような真空鈴の実験がよく行われていた。それは、丸底フラスコに水を少し入れ、ゴム栓にガラス管を通して鈴をつるして行う実験。フラスコを振ると、鈴の音が聞こえるが、フラスコを熱して湯気を出し、真空状態にすると、フラスコを振っても鈴の音は聞こえない。この実験によって、音は空気を通して伝わることが確かめられた。

また、太鼓を叩き、その太鼓の近くに手や頬を近づけると、空気が振動していることが体感できる。そんな実験をすれば、誰かが「プールの水の中では、声を出そうとしても話ができない」といい出して、授業が盛り上がり、最後にクラスのひょうきん者が「お風呂の中でおならをしても音が聞こえない」といって大爆笑となる――かつて、音の伝わり方を学ぶ授業では、そんなことが全国の小学校で繰り広げられていたものだ。

そういえば、音の伝わり方の授業では、「救急車のピーポー」もよく話題になった。近づいてくる救急車のピーポーは高い音なのに、すれ違って去っていくと、ピーポーという音が低くなるという現象である。小学生にとって、なぜ、そう聞こえるかという原理の説明は難しいだろうが、その現象を「ドップラー効果」と呼ぶという話は妙に耳に残るはず。「ドップラー効果」という言葉が、大人になってからも記憶に残っているという人は少なくないだろう。

文系でも覚えておきたい理系の基本③
――熱の伝わり方

外国旅行に行って困ることの一つに、温度の表示法が日本と違うことがある。日本など多くの国では、「20℃」「30℃」のように「摂氏」で表すが、アメリカやイギリスでは、「68°F」「86°F」のように「華氏」で表す。なお、「68°F」は摂氏20度、86°Fは摂氏30度のことである。

摂氏は、スウェーデン人のアンデルス・セルシウスが、1742年に考案した方法に基づいている。その後、改良され、現在では水の凝固点を0℃、沸点を100℃として、その間を100等分する。一方、華氏は、ドイツの物理学者ガブリエル・ファーレンハイトが、1724年に提唱した方法。華氏では、水の氷点を「華氏32度」、沸点を「華氏212度」として、その間を180等分に区切っている。

1960年代までは、多くの英語圏の国々で華氏が使われていたが、ポンド・ヤード法からメートル法への切り替えの一環として、ほとんどの国は華氏から摂氏に切り替えた。ところが、アメリカやイギリスを中心に、今も華氏にこだわる国が残っているのだ。

さて、温度の高いものと低いものがふれ合うと、熱はかならず温度の高いものから低いものへ向かって移動する。その結果、温度の高いものの温度が下がり、低かったほうの温度が上がって、最後には両方の温度は同じになる。

その熱を数量的に表したものが「熱量」で、単位は「カロリー」である。1グラムの水の温度を1℃だけ上げるのに必要な熱量が「1カロリー」と定められている。

以上のように、熱がモノを伝わっていくことを「伝導」と呼ぶ。金属は、どれも熱をよく伝えるので「良導体」と呼ばれる。金属のなかでも、もっともよく伝えるのが銀で、以下、主な金属をあげると、銅、金、アルミニウム、ニッケルの順になる。反対に、熱を伝えにくいモノとしては、木、プラスチック、空気、そして水がある。

ただし、水は、熱せられて温かくなると浮き上がり、冷たい水が底へ行く。そのため、熱源を下に置き、水を上下にぐるぐる回す（「対流」と呼ぶ）と、全体が早くあたたまる。

現在の風呂釜は、このような対流が起きるような作りになっている。1960～70年代のガス式風呂釜では、お湯の上のほうばかりが熱くなり、下のほうが冷たかったため、入る前にはお湯をかき混ぜなければならなかった。現在、そういう必要がないのは、自動的に対流現象が起きるような仕組みになっているからである。

また、パスタやラーメン、うどんを茹でる際、大きな鍋を使うのが好ましいのは、そのほうが対流が起きやすいからである。

固体と液体と気体の関係についてのおさえたいポイント

物質の状態には、固体、液体、気体の三つがある。そして、通常、物質の温度を

■物質の状態変化とは？

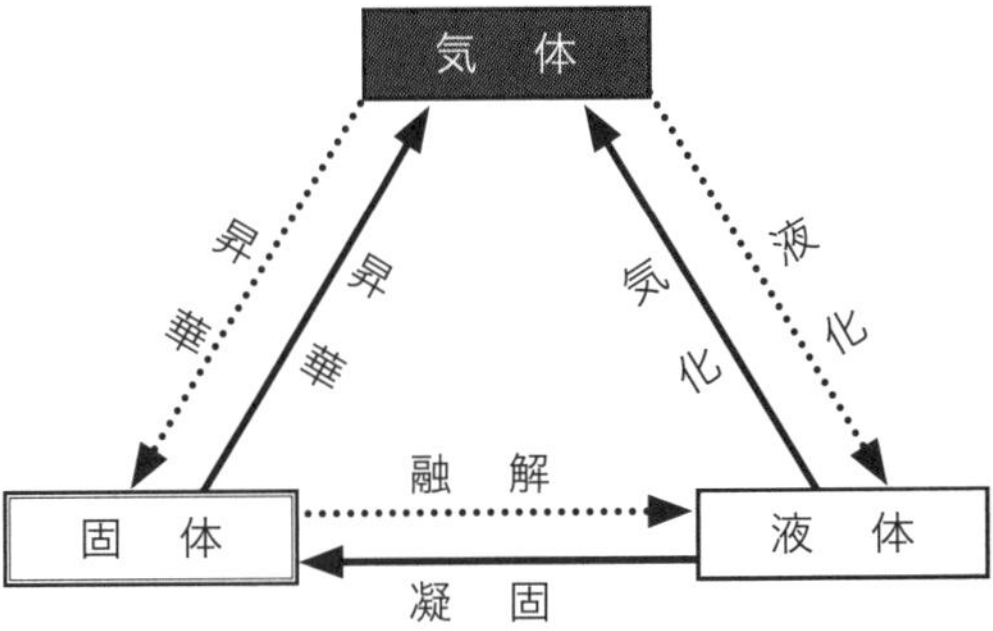

上げると、固体から液体、気体へと順番に状態が変わる。

さて、氷や鉄のような固体が熱せられ、溶けて液体になることを「融解」といい、固体が融解するときの温度を「融点」という。氷の融点は0℃で、鉄の融点は1536℃、金は1064・43℃、アルミニウムは660℃である。

では、液体の温度が上がって、気体になることを何というかというと、これは「気化」。気化には、洗濯物が乾くときのような「蒸発」と、お湯が煮えくり返るときのような「沸騰」の2種類がある。液体が沸騰するときの温度を「沸点」という。

反対に、気体が冷やされて、液体になることを「液化」という。たとえば、夏に冷やしたペットボトルを外に出しておくと、ペットボトルの周りに水滴がつく。これは周りの空気が冷やされて、液化したためである。

一方、液体が冷やされて固体になることを「凝固」といい、凝固が起きる温度を「凝固点」という。水の凝固点が0℃であるように、物質の凝固点はそれぞれ決まっており、当然ながら「融点」と同じである。

さらに、固体が熱せられ、液体を経ずして、直接気体になることを「昇華」という。反対に、気体が冷やされて直接固体になることも昇華だ。昇華しやすい物質には、「ドライアイス」「ヨウ素」などがある。

温度によって、モノが膨張したり収縮したりするのは？

街で見かける電線は、少したるみをもたせて張ってある。これは、冬場、気温が下がって電線が縮んだとき、ピンと張って切れるのを防ぐためである。

また、鉄道のレールは、レールとレールの継ぎ目が、少し隙間をあけてつながれている。これは、夏場、気温が上がるとレールが伸びて、レール同士が強く押し合って曲がるのを防ぐためだ。ちなみに、列車のガタン、ゴトンという音は、レールの継ぎ目に隙間があるために発生する。だから、線路が縮んで継ぎ目の隙間が広くなる冬場のほうが、ガタン、ゴトンという音は大きくなる。

電線やレールといった固体に限らず、気体も液体も、基本的には、温度が上がれば膨張し、温度が下がると収縮する。

小学校では、注射器に空気を入れて密閉し、それをビーカーで熱すると、注射器のピストンが押し上げられるといった実験を通して、その事実を確認する。

その一方、気体が膨張しても収縮しても、気体全体の重さは変化しない。そのため、気体があたためられると、同じ体積で比べた重さは軽くなる。反対に冷やされると、同じ体積なら重くなる。

ただし、水の場合、その体積は4℃のとき最小になり、4℃より低くなっても高くなっても膨張する。最も収縮した4℃の水は、同じ体積で比べると、重さが最大になる。たとえば、冬場、外に出した水槽や池の底にたまっている水は4℃に近い。

4℃の最も重い水が底にたまり、より冷やされ、比較的軽くなった水が水面に集まっている。

また、ご存じのように、水は凍っても体積が増える。水は冷やされると、4℃のとき、分子が最も緊密に集まるが、それ以下になると、再び分子間に隙間ができるようになる。0℃となって凍ると、分子間の隙間がより広くなって正四面体に並び、体積が膨張するのである。

ちなみに、温度をマイナス10℃に設定した冷凍庫で、オレンジジュースなどを半分ほど入れたペットボトルを2時間冷やすと、中の液体は凍っていないのに、ペットボトルはよく冷えた状態になる。そこで、ペットボトルを振るなどの衝撃を与えると、水の分子が急激にくっつき、中のオレンジジュースがフローズン状態になる。小学生の前で実演すると、まるで手品みたいで、大ウケとなる。

電池、豆電球のつなぎ方しだいで、明るさはどう変わるか

政治問題から教育問題、文化論などを得々と語る人が、電気や機械の話になると、急に無口になることがある。文系の人には、電気の「デ」と聞くだけで、頭が痛くなってしまう人がいるものだが、文系の人もその高度な知識はともかく、小学校で習うくらいの基礎はおさえておきたい。

さて、小学校では豆電球と電池を使って電気について学ぶ。電池に豆電球をつなぐと、電池の＋極から豆電球を経て、電池の－極まで電流が流れる。電流は、つねに＋極から－極へ向かって流れ、その道筋が「回路」と呼ばれる。回路が途中で切れていれば、電流はとぎれてしまい、豆電球は灯らない。

また、その回路が枝分かれせず、一本道になったつなぎ方を「直列つなぎ」という。その直列つなぎの中でも、回路の一本道に複数の豆電球をつないだものを「豆電球の直列つなぎ」という。直列つなぎでは、電流が豆電球を次々に通っていくので、豆電球の数が増えると、流れる電流は減っていく。そのため、豆電球の明かりは暗くなるが、電池は長持ちする。

これに対して、一本道の回路に、電池のほうを複数つなぐことを「電池の直列つなぎ」という。その場合、第1の電池の－極に、次の電池の＋極をつなげば、電池の数が増えるにつれ、電流の強さは2倍、3倍となっていく。その分、豆電球は明るくなるが、電池切れは早くなる。

一方、回路が枝分かれし、電流が分かれて流れるつなぎ方を「並列つなぎ」という。「豆電球の並列つなぎ」は、つないだ豆電球によって、電流の流れる道を別々にしたものだ。豆電球の数が増えても、豆電球を流れる電流の強さは変わらないので、それぞれの明るさも変わらない。しかし、豆電球を増やすほど、電池は早く切れる。

また、直列つなぎの場合は、複数つないだ豆電球の一個がはずれたり、切れたりしたら、回路が切断されて、すべての豆電球がつかなくなる。それに対して、並列つなぎの場合は、回路が豆電球ごとに別々となっているので、一個がはずれたり、切れたりしても、他の豆電球に影響はない。

「電池の並列つなぎ」は、複数の電池の＋極同士、－極同士を結ぶ。この場合、電池の数を増やしても、豆電球の明るさは変わらず、個々の電池から流れ出る電流の強さは2分の1、3分の1…と減っていく。その分、電池が長持ちし、また電池を1個はずしても豆電球は消えない。

この程度のことを知っているだけで、小さな子供や孫が「おもちゃが動かなくなった」と持って来ても、とりあえず大あわてすることはなくなるはずだ。

考えてみればかなりフシギな「振り子」の性質

振り子に関する研究で、記録に残る最古のものは、1000年頃のアラブ人イブン・ユーヌスの研究だが、本格的な研究は、17世紀になってから、ガリレオによって行われた。ガリレオは、ピサの斜塔でランプが揺れるのを見て、振り子の「等時性」を発見したといわれる。

「等時性」とは、振り子の軸となる棒や糸の長さが同じ場合、振れ幅がどんなに大きくなっても小さくなっても、往復にかかる時間、つまり振り子の周期は同じという性質のこと。

ガリレオは、晩年、この等時性を利用して「振り子時計」のアイデアを思いついた。実際に製作したのは、1650年代、オランダの物理学者クリスティアーノ・

ホイヘンスである。

童謡に歌われた『大きな古時計』が、その振り子時計の代表だが、その後、より正確な機械時計やクォーツ時計が発明されたことで、振り子時計は衰退していった。それでも、振り子が揺れるのが見え、アンティークな趣きがあることから、今も愛用している人がいる。

小学校では、5年生の理科で、振り子が1往復するのにかかる時間を測定することで、振り子の等時性について学ぶ。

また、おもりの重さや糸の長さを変え、1往復の時間を計ることで、等時性以外の振り子の性質についても学んでいく。たとえば、同じおもりで糸の長さを変え、同じ振り幅で揺らすと、糸の長い振り子のほうがゆっくりと揺れ、1往復にかかる時間が長くなる。糸の長さを4倍にすると、1往復にかかる時間が2倍になり、糸の長さを9倍にすると、1往復にかかる長さが3倍になる。

次に、糸の長さは同じで、おもりの重さを変えてみても、1往復にかかる時間は同じになる。つまり、振り子の揺れる速さは、おもりの重さとは関係ないというのも、振り子の性質の一つである。

なぜ月が満ちたり欠けたりするのか、答えられますか？

さて、ここで問題です。

「地球から見た月の大きさと太陽の大きさは、どちらが大きいでしょうか？」

太陽は地球から約1億5000万キロのところにあって、太陽の直径は約1400万キロ。これに対して、月は地球から約38万キロの位置にあって、その直径は3474キロだ。

答えとして、地球から見える太陽と月の大きさは、ほぼ同じになる。

では、第2問。

「地球から見える月の模様が、いつも同じなのは、なぜでしょうか？」

月の模様がクレーターという窪みによるということはご存じだろうが、その模様が、地球から見ると、いつも同じに見えるのは、月が自転しながら、地球の周りを公転しているからである。その周期はどちらも同じ（約27・3日）で、月は地球の周りを1回公転する間に1回自転する。そのため、月はいつも同じ面を地球に見せているので、地球から見える模様は同じになるのである。したがって、地球から月の裏側を見ることはできない。そのため、満月を見ると、いつもウサギが餅をついているように見えるのである。

その月は、太陽の光を反射して光っている。だが、前述したように、月は地球の周りを公転しているので、地球から見える角度は毎日変わってくる。そのため、地球から月の見える角度によって、月の満ち欠けが起きることになる。

まず、太陽が月と同じ方向にあると、日光の当たる側は地球から見えないため、月は見えない。これが「新月」だ。月の右端が少し光ると「三日月」となり、右半分が光ると「上弦の月」となる。月が太陽と反対側に来れば、月の半面全体が照らされ「満月」となる。さらに、月の左半分が光ると「下弦の月」である。

「日食」は太陽と地球の間に月が入り、この三つが一直線に並ぶときに起こる。月の影が地球に届き、その影の中から太陽を見ると、太陽の一部が欠けたように見えたり、太陽がまったく見えなくなったりする。

月が、太陽と地球の間に入るということは、太陽と月が同じ方向にあるということとなので、日食は必ず新月のときに起こる。ただし、日食が起こるのは、太陽と地球と月の三つが一直線に並ぶことが条件なので、新月のたびに日食が起こるわけではない。

また、「月食」は、太陽と月の間に地球が入り、この三つが一直線に並ぶときに起こる。地球の影の中に月が入ることで、月の光っている部分の全部か一部が欠けて見える。

太陽はどうやって動いているか、答えられますか？

太陽は、表面温度が約６０００℃という高温の気体でできており、自分自身で光を発する恒星の一つである。

では、太陽は自転しているのだろうか。正解は「している」。約25日間という周期で東から西へ回っている。ただし、地球から肉眼で太陽の自転を見ることはできない。

一方、太陽は、毎日、東の地平線から出て、南の空を通り、西の地平線へ沈んでいく。これは北半球から見た動きで、南半球からは東から昇り、北の空を通って西へ沈む。そうした太陽の1日の動きを「日周運動」と呼んでいる。

といっても、本当に太陽が動いている（公転している）と信じられていたのは、16世紀までのことである。当時の人々は、太陽や星が動くという「天動説」を信じていた。そんな時代に、カトリック教会の司祭だったニコラウス・コペルニクスが、天動説と真っ向から対立する「地動説」を唱えたのである。

ただし、地動説自体は古くからあった。コペルニクスが地動説に着目したのは、当時のユリウス暦が、実際の1年と約10日ずれていたからである。春分の日を祝祭日としていたキリスト教徒にとって、暦のずれは大きな問題だった。

そこで、コペルニクスは、古代に地球の公転説を唱えたアリスタルコスの研究などを踏まえ、改めて検証した結果、宇宙の中心は太陽で、地球や金星・火星などの惑星はその周りを公転しているという結論に達したのである。この「コペルニクス的転換」をきっかけに、地動説はその後、紆余曲折はあったにせよ、ガリレオやケプラーらの観測による実証などを経て世界に広まっていった。

それなのに、地上から見上げると、まるで太陽が動いているように見えるのは、地球が、地軸を中心に1日1回、西から東へ自転しているからである。太陽は自転していても、公転はしていない。その位置にとどまっているため、自転する地球から見ると、太陽が東から昇り、西へ沈んでいくように見えるのである。

また、太陽は、1年のうちでも、春分と秋分の日には真東から昇り、真西へ沈むように見える。さらに、夏至には、1年で最も北に寄った位置から昇り、正午には1年で最も高くまで昇り、最も北に寄った位置へ沈む。反対に、冬至の日には、1年で最も南に寄ったところから昇り、正午の南中高度は1年で最も低く、そして最も南に寄ったところへ沈む。

これは、地球が地軸を傾けたまま公転しているためである。その地軸が、垂直より23・4度傾いているので、夏至と春分、秋分の日、あるいは冬至と春分、秋分の日の南中高度は23・4度変わってくる。

太陽が、一年を通じて軌道を変えているように見えるのは、地球自身の事情のためなのだ。

この基本を知れば「天体観測」がもっと楽しくなる！

一般に、「恒星」と呼ばれているのは、天空で自ら発光するガス体のことである。古代エジプト文明やインカ文明の時代には、すでに天体観測が行われ、その運行による暦が作られ、農作業などに利用されていた。古代ギリシアの哲学者タレスは、夜に空を見上げながら歩いていてころび、周りの者に笑われたが、翌年、星の運行から穀物の作柄を予想し、投機で大儲けして見返したというエピソードを残している。現在に伝わる占星術も、星の動きを観察することから発達した。

しかし、現実には「恒星」はほとんど動いていない。「恒星」という呼び名は、天球に「恒常的に固定された星」という意味でつけられた。星が動いているように見えるのは、太陽が動いていると錯覚するのと同様に、地球が自転しているためである。

ただし、天体観測のモデルとしては、地球をつつむ大きな球面に星がはりついている形で表される。そして、その星のはりついた球面が、地球の周りを回っているとする。その仮想の球面は「天球」と呼ばれている。

天球は、天の北極と天の南極を結ぶ線（＝地球の回転軸を延ばした線）を軸として、1日1回、東から西へ回っている。恒星はすべて天球にはりつき、天球と一緒に回るので、星たちの動く道筋はすべて並行である。そして、観測者が空に星を見るのは、星が地平線より上に現れる夜間だけとなる。

北極星は、天球の回転軸（＝地球の回転軸）を北極側に延長した線のごく近くに位置している。そのため、地球上から見ると、北極星自体はほとんど動かず、その周りの星が北極星の周囲を周回移動しているように見える。そんな特性から、北極星は、古代から天体観測の基準点とされてきた。

また、東の空の星は、地平線から現れると、右上がりに昇っていくように見え、反対に、西の空の星は右下がりに動いて地平線下へ沈んでいく。

一方、毎日、同じ時刻に星を見ると、星の位置は、日周運動の向きに少しずつずれ、1年後、元の位置に戻る。これを「星の年周運動」と呼ぶ。本来はじっとしている星が、このように見えるのは、地球が太陽の周りを1年かけて公転しているからである。

高気圧だと天気がよくなり、低気圧だと悪くなるのは？

さて、ここからは「気象」について、復習していこう。

まずは、高気圧が来ると天気がよくなり、低気圧になると雨が降るのはなぜだろうか？　それは、気圧が変化すると、空気の動き方が変わることが主な理由だ。

地表に近い空気は、太陽光であたためられると、軽くなって上昇していく。その軽い空気は、周辺の空気に比べて気圧が低くなっている。このように、「低気圧」とは、上昇気流が生じて、周囲よりも気圧が低くなった状態を指す。

そうして、気圧が低くなり、上昇した空気は、上空の冷たい空気によって冷やされる。その際、上昇気流に水蒸気が多く含まれていれば、凝結して水滴や氷の粒になる。その水滴や氷の粒が雲となって空に広がると、天気は崩れやすくなる。

一方、上空で冷やされた空気は、重みを増し、今度は下降気流となって、地表近くへおりてくる。すると、気圧は周囲に比べて高くなり、「高気圧」となる。

そうした高気圧の場所では、雲ができにくい状態となって、空は晴れることになる。その一例が、真夏に発達する「太平洋高気圧」で、緯度の低い地域であたためられた高温の上昇気流が日本付近で下降。ひじょうに広範囲で暖かな下降気流が起きるので、天気予報でよく耳にするように「日本列島は太平洋高気圧にすっぽりと覆われて」、かんかん照りの日が続きやすくなる。

「大気が不安定」って、どんな状態？

天気予報では「大気が不安定」という言葉がよく使われる。たとえば、「大気が不安定な状態で、雨の降りやすい1日になる見込みです。ところによっては雷雨となるでしょう」という具合だ。

そうした「大気が不安定な状態」をより具体的に表すと、「暖かく湿った空気が激しい上昇気流となり、雷雲である積乱雲ができやすい状態」を指す。

地表近くの湿った空気は、夏場の太陽光であたためられると、軽くなって上昇する。通常は、高度1000メートルや2000メートルあたりまで上昇すると、上空の冷たい空気に冷やされて、雲を形成する。

ところが、その上空に通常以上の寒気が流れ込んでいるときには、上昇気流の温度が下がっても、まだ周りの寒気よりは温度の高い状態が続くことになる。すると、上昇気流はさらに上昇を続け、より高いところまで達し、背の高い雲を形成する。それが、いわゆる入道雲だ。

その過程で、上昇気流の中では、水滴同士が激しくぶつかり合っている。すると、水滴や氷の粒がしだいに大きくなり、雲の中でも雲粒の大きな雲になる。それが「積乱雲」(雷雲)であり、やがて雷を伴う大粒の雨を降らせることになるのだ。近年増えている〝ゲリラ雷雨〟が降る仕組みも積乱雲の発達によるものだ。

なぜ、天気は西から東へと変わっていく?

天気予報では、「天気は、西から崩れてくるでしょう」や「天気は、西から回復するでしょう」といった言葉をよく耳にする。なぜ、天気は悪くなるときも、よくなるときも、「西から」スタートするのだろうか。

その理由は、日本の上空をたえず「偏西風」が吹いているから。天気の移り変わりの原因は、高気圧と低気圧が交代することだが、その高気圧や低気圧を日本列島へ運んでいるのが、上空を西から東へ吹く偏西風なのである。

とくに春と秋は、偏西風が日本列島の真上を流れていることが多いため、ユーラシア大陸で発生した高気圧や低気圧が西からの風に押されて、日本列島へ次々とやってきては、西から東へと移動していく。

したがって、日本の天気は、晴れるにしても、雨が降り出すにしても、西から変わっていくというわけである。

なお、そうした移動性の高気圧や低気圧の速度は、時速40～50キロ程度、1日で1000キロは動く。そのため、大阪で雨を降らせた低気圧は、およそ半日後には東京へ到着する。たとえば、夕方、大阪で雨が降っていれば、翌朝には東京でも雨が降り出すということになる。

雲の10種類の基本形とは？

雲は、できる場所と形によって、基本的に10種類に分類される。

まず、「積雲」は、晴れた空に浮かぶ雲。ふだん、目にするぽっかりと浮かんでいる白い雲だ。

一方、「積乱雲」は、同じ晴れた日でも、上下に発達した白い雲。この雲は、雷を発生させ、激しい雷雨をもたらすことがある。

「巻雲」は、高空にできる白い筋状の雲で、「筋雲」とも呼ばれる。台風や低気圧の近づく晴天時に出やすくなる雲だ。

「巻積雲」は、「いわし雲」や「うろこ雲」と呼ばれてきた雲。氷の粒が集まってできる雲で、小さな塊が群れになり、うろこのように見える。

太陽や月の周りに、「暈《かさ》」と呼ばれる光の輪を出現させることのある雲は、「巻層雲」に分類される。これも氷の粒でできており、ベールのように薄く広がる。

2000〜7000メートルの高さにできる雲は、「高層雲」に分類される。全天をくもり空にして、やがて雨が降りはじめることが多い。

「高積雲」は、水滴と氷の粒の両方でできた雲で、昔から「ひつじ雲」や「むら雲」と呼ばれてきた雲だ。

「乱積雲」は、厚く全天を覆う灰色の雲。日本では「雨雲」や「雪雲」と呼ばれてきた雨や雪を降らせる雲である。

「層積雲」は、地表近くから高度2000メートルぐらいの低いところに、波打った形に並ぶ雲。別名「うね雲」や「くもり雲」とも呼ばれる。

「層雲」も高度2000メートル以下にでき、層状に広がって霧雨を降らせる雲だ。

そもそも風はどこから吹いてくるのか

小学生のとき、線香を使った実験によって、風の吹く原理を習ったことをご記憶だろうか？

水槽のような透明な箱の底に、黒い紙と白い紙を敷き、上から電球で照らす。そして、火のついた線香を箱の中へ差し込むと、黒い紙の上では、線香の煙は上昇し、白い紙の上では下へさがる。そして、箱の底では、白い紙から黒い紙に向かって煙が流れていく。

そもそも、黒い紙と白い紙では、黒い紙のほうが熱を吸収しやすい。そのため、電球から発する熱で早くあたたまり、紙の上の空気もあたたまる。暖かい空気は、冷たい空気より軽いので、上昇していき、黒い紙の上の気圧が低くなる。気圧は空気がモノを押す圧力のことであり、気圧の下がった黒い紙の上へ、白い紙の上など周囲から空気が流れ込むというわけである。

じつは、自然界の風も、基本的にはこのようなメカニズムで発生している。たとえば、夏の強い日差しで地面があたためられると、その周囲の空気もあたたまり、強い上昇気流が生まれる。すると、その暖かな空気が上昇して、その隙間に他の空気が入り込んで、風が生まれるというわけである。また、暖かい空気が上空に昇って急激に冷やされると雲を作り、雨を降らせるというわけだ。

一般に、周りより気圧の低いところを「低気圧」といい、低気圧の中心には上昇気流がある。雲ができやすいので、天気は悪くなる。また、低気圧へは、周りから風が吹き込むが、地球の自転の影響で左回りに吹き込む。強い低気圧である台風の周囲では、風が左回りに吹くのは、そのためである。

それに対して、周りより気圧の高いところを「高気圧」といい、高気圧の中心には下降気流があって雲ができにくいので、晴天になる。また、高気圧からは、地球の自転の関係で右回りの風が吹き出している。

東京では、夏の昼間、海からは距離がある場所なのに、潮の香りがすることがある。これは、昼間の日差しで都内の気温が、東京湾上の気温より高くなって、空気が上昇。そのあとへ、海からの空気が流れ込むためである。

また、海に近い甲子園球場で、ライトからレフト方向へ「浜風」が吹くのも、同じような理由からだ。晴れた日の昼、海水のほうが陸地よりも温度が変化しにくいため、陸のほうが海よりも早く温度が上がる。すると、陸上の空気のほうが相対的に暖かくなって上昇気流ができ、その後に海から陸に向かって風が吹く。その風が「浜風」と呼ばれるもので、ライト方向に上がる打球は押し戻される形になる。

また、朝方と夕方、陸上と海上の空気の温度が、ちょうど同じくらいになるときがある。そのとき、どちらの空気も上昇せず、一時的に風がやむ。この現象を「凪《なぎ》」と呼ぶ。

雲は水の集まりなのに、なぜ宙に浮かんでいる？

南米、チリ北部の太平洋岸に、南北約１０００キロにわたってアタカマ砂漠が広がっている。年間降水量は10ミリにも満たず、この砂漠にあるチュングンゴという小さな村では、１９７０年代から水をトラックで運んで暮らしてきた。

ただ、その水も各家庭に分けると、ドラム缶一杯分で、生活に使うと2週間分である。飲み水や料理に使う水を優先するので、シャワーや洗濯もままならなかった。一帯の山々には、早朝、濃い霧が発生するものの、強烈な太陽熱のため、昼までには蒸発していた。

そんな乾いた村で「霧取りプロジェクト」が始まったのは１９９０年頃のことだ。チリ、カナダの政府と研究者たちが、地表に木の杭を打ち込み、その上に細かい網の目の黒い幕を張った。すると、水滴が網目伝いに落下し、1日あたり1万580リットルの水が確保できるようになった。各家庭には毎日120リットルの水が供給され、今では野菜作りまでできるようになっている。

霧からそれほどの量の水が採取できるのは、霧が水滴の集まりだからである。霧と雲の違いは地表とつながっているかどうかにあり、雲も水滴の集まりである。

といえば、雲が水滴の集まりなら、引力に引っ張られ、雨となってすぐに地上に落ちて来てもよさそうだが、なぜ雲は宙に浮かんでいるのだろうか?

答えは、同じ水滴でも、雨と雲では粒の大きさが違うからである。一般的な雨粒の直径は約1ミリ、霧雨でも粒の直径は約0・1ミリある。これに対して、雲の粒は0・01ミリ。水滴が小さくなるほど、相対的な空気抵抗は大きくなり、落下速度は遅くなる。水滴が小さければ小さいほど、宙を漂いやすいというわけである。さらに、雲の中では上昇気流が発生し、雲粒を押し上げているので、地上から見ると、雲は宙に止まって見える。

この雲粒がぶつかり合って大きくなると、落下速度が上昇気流を上回り、雨となって地面まで落ちてくる。

リトマス紙でわかる酸性、アルカリ性って何のこと？

小学生のとき、食酢や果汁のように、酸っぱい味のするものが「酸性」で、草木を燃やしたあとにできる灰を水に溶かした「灰汁《あく》」のように、苦い味のするものは「アルカリ性」だと教えられた人もいるだろう。

その後、大人になると、野菜や果物、海藻、キノコ、大豆などが「アルカリ食品」で、肉類や魚類、卵、砂糖、穀類は「酸性食品」とされ、なんとなくアルカリ食品のほうが体によいという話を聞いたりする。また、「赤ワインは、体内をアルカリ性にする」とか、「アルカリイオン水は体によい」とか、「酸性雨で森が破壊される」といった話題も耳にする。

そもそも、この「酸性」と「アルカリ性」って、どういうことなのだろうか？

酸性とアルカリ性は水溶液の性質のことで、「酸」とは水素イオンを放出し、pH値が「中性の7」より下を示す化合物のこと。酸性の水溶液としては、酢や炭酸水、ホウ酸水、塩酸、硫酸などがある。

これに対して、「アルカリ」は、水酸化物イオンを放出し、pH値は「中性の7」より上を示す。アルカリ性水溶液には、石灰水やアンモニア水、水酸化ナトリウム（苛性ソーダ）水溶液、水酸化バリウム水溶液などがある。

水溶液の酸性とアルカリ性は、「リトマス紙」を使って調べる。

青色のリトマス紙を酸性の水溶液につけると赤色に変化するが、中性やアルカリ性の水溶液では変化しない。また、赤色のリトマス紙は、アルカリ性の水溶液につけると青色に変化するが、中性や酸性では変化しない。ただし、中性ではリトマス紙の色が変化しないため、中和点を正確に判断することはできない。

発展編

気温と湿度と過ごしやすさの微妙な関係

1970年代あたりまで、夏の甲子園大会に出場する野球部部員たちは、監督や顧問の教師から「寝るとき、クーラーをつけると体調を崩すから、クーラーを止めること」などと注意されたものだ。

一方、今では、高校野球に限らず、遠征チームは、部屋のエアコンをつけて寝るのが当たり前である。むしろ、湿度が高めで蒸し暑い甲子園球場周辺では、エアコンをかけなければ、かえって体調を崩す選手が続出することだろう。

さて、湿度とは、空気中に含まれる水蒸気の量が、そのときの温度における飽和水蒸気量の何%に当たるかを表した数字である。

そもそも、空気は、含むことのできる水蒸気量に限度がある。そして、空気1立方メートルに含むことができる最大の水蒸気量を「飽和水蒸気量」という。これは、気温が高くなるほど多くなり、気温が低くなるほど少なくなる。そのため、多量の水蒸気を含んでいた空気の温度が下がると、飽和水蒸気量が少なくなって、水分を含みきれなくなる。すると、水蒸気が細かな水滴となって、雲や霧になる。

つまり、湿度とは、そのときの温度で、空気1立方メートルに含まれる水蒸気の最大量のうち、実際には、どのくらいの割合の水蒸気が含まれているかを計算したものと言い換えることもできる。

大阪で「暑っついなあ、この蒸し暑さは日本一やで」といっていた8月のある日、大阪の湿度は意外に低くて66％だった。そこで調べてみると、札幌では75％、東京73％、福岡72％と、いずれも大阪よりも高かった。つまり、蒸し暑い大阪の湿度は、同じ日、人々が快適に過ごした札幌よりも低かったのである。

そんな〝数字のマジック〟が起こるのは、気温が高くなるほど、飽和水蒸気量が増えるからである。同じ日の気温を見ると、札幌は25℃、大阪は35℃だった。25℃の飽和水蒸気量は、1立方メートル当たり23グラムなのに対して、35℃の場合は

39・6グラムとなる。当日、湿度が75％だった札幌は、大気1立方メートル中に17・25グラムの水分を含んでいた。一方の大阪は、26・13グラムも含まれていた。しかも、気温が35℃もあるため、外出すると、モワッとした空気が体にまとわりつき、「暑っついなあ」といいたくなる気候になったのである。

このようなこともあるため、天気予報などで報じられる湿度は「相対湿度」と呼ばれ、過ごしにくさは「不快指数」で表されている。

「川の水の働き」を頭の中でイメージできますか？

日本の河川で、距離の長いベスト3は、どの川かわかるだろうか？　1位が信濃川（367キロ）、2位が利根川（322キロ）、3位が石狩川（268キロ）である。

では、日本の河川で、流域面積ベスト3はどこかわかるだろうか？　1位は利根川（1万6840平方キロ）、2位は石狩川（1万4330平方キロ）で、3位は信濃川（1万1900平方キロ）である。距離と流域面積で、ベスト3の順番は変わっても顔ぶれは変わらない。

川は、地形に対して三つの作用をおよぼす。地面や山を削る「浸食作用」、土や砂を運ぶ「運搬作用」、そして運搬してきた土砂を積もらせる「堆積作用」である。

川による浸食作用の例としては、富山県の黒部峡谷がある。黒部川上流の激しい水の流れが、長い年月をかけて両岸を削り取り、切り立つ断崖絶壁の谷を作り上げた。こうしてできた深く、険しい谷は「V」字に見えることから「V字谷」と呼ばれている。

川の運搬、堆積作用でできた地形としては、扇状地や三角州がある。扇状地は、川が山あいから急に平地に出たため、流速が遅くなり、運んできた土砂を堆積させて扇形の地形をつくった場所。山がちな日本では、よく見られる地形である。

扇の頂き部分は山の近くにあり、峠越えの宿場町として栄えるケースが多いが、扇の中央部分は水の欠乏地となり、水田耕作には適さない。戦前は桑畑、戦後は果樹園が営まれるケースが多い。扇の先端部では湧水が多く、水を得やすいので、古くから集落や水田地が発展してきた。

一方、三角州は、大きな川の河口付近で流速が非常に遅くなり、積もった土砂によって新しい土地となったところである。土地が三角形をしていることが多いので、「三角州」と呼ばれている。

日本の代表的な三角州としては、太田川とその支流によって形成された広島市、阿武川とその支流によって形成された萩市がある。また、三角州は、ギリシア文字の「デルタΔ」に似ていることから、世界的には「デルタ」と呼ばれている。

そういえばそうだった！「地層」の話

東日本大震災の本震と余震活動で、震源のほぼ真上に位置する宮城県沖約130キロの地点が、震災前に比べて、東南東へ約24メートルも移動した。また、震源の約40キロ西側の地点では約15メートル、福島県沖では約5メートル、それぞれ東南東へ移動していた。

というように、今も地球は活発に活動しているわけだが、何百万年、何億年という長いスパンで見ると、その動きはさらにすさまじい。

■地層はどう変化する？

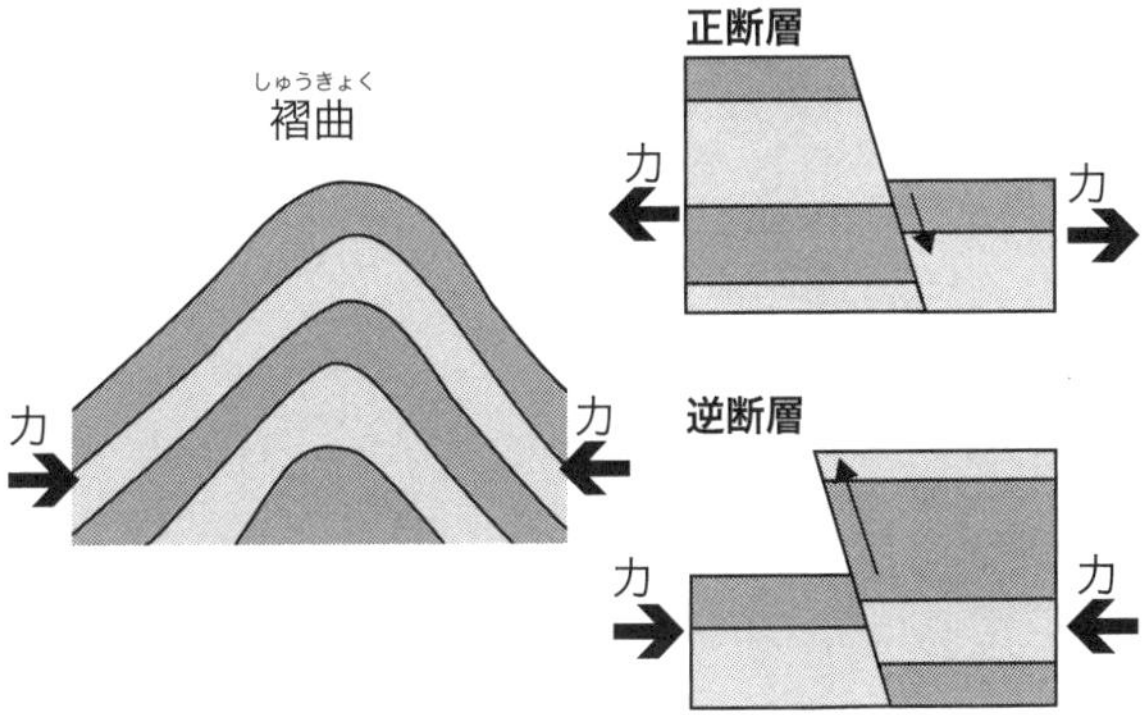

かつては海底だったところが山になっていたり、反対に山だったところが海底になっていたりする。

たとえば、海岸近くの陸地が大きく沈降し、谷が海面下に沈むと、凸凹の多い複雑な地形になる。

それが、三陸海岸などで見られる「リアス海岸」である。

地層は、粘土や砂、小石などが、水や風の力によって運搬され、堆積してできた層である。

地層は、長い年月をかけて形成され、やがて畳を何枚も重ねたような縞模様が生まれる。その1枚1枚を「単層」といい、単層は数センチから数十センチの厚さがある。

また、単層と単層の間の境界面を「層理面」といい、この層理面を境に、周辺の環境や地盤に何らかの変化があった可能性を示す。

地層は、通常、以前に堆積したものの上に、順に積み重なっていく。そのため、重なっている二つの地層のうち、下の地層のほうが上にある地層より古い。この法則を「地層累重《るいじゅう》の法則」と呼ぶ。

その一方で、地層が長期にわたって横から押され、波のような形に変形したり（褶曲《しゅうきょく》という）、地層が垂直に立ったり、逆転していることもある。その場合、単層に含まれる石や砂の大きさを比べたり、化石などを手がかりに、地層の順番を決めていく。

また、地層は、地震などによって横から押されたり、引っ張られたりすると、切れてずれることがある。

日本列島は、東北・関東沖の日本海溝で、太平洋プレートが北アメリカプレートの下に沈み込む際、東西方向の強い圧力を受けている。

東北から近畿にかけての断層の多くは、その強い圧力を受けて地層がずれたものである。

また、火山以外の日本の山は、横からの圧力で断層面の上側がずり上がる「逆断層」によって形成されたものが多くなっている。

石灰岩、玄武岩、花崗岩《かこうがん》…岩石の違いがいえますか？

「大理石」をふんだんに使った白亜の殿堂といえば、古代ギリシアのパルテノン神殿、ローマのコロッセオ、インドのタージ・マハルなどが知られる。日本の国会議事堂の内装にも使われているほか、街の豪邸にも石材として用いられていることがある。

そもそも「大理石」は、石灰岩がマグマの熱を受けて再結晶した変成岩の一種。学問的には「結晶質石灰岩」と呼ばれ、石材として「大理石」と呼ばれている。その名前の由来は中国雲南省の大理市で、かつてこの地域で良質の石を産出したことから。

また「石灰岩」は、炭酸カルシウムを50％以上含む堆積岩のこと。「堆積岩」は、海底に積もった小石や砂、泥などが、その上に積もったものの重みで押し固められてできた石のことだ。

「石灰岩」は大きく分けて、有孔虫、ウミユリ、サンゴ、貝類などの生物が堆積してできたものと、水から炭酸カルシウムが化学的に沈殿してできたものの2種類がある。それらの石灰岩が地下でマグマによって熱せられ、炭酸カルシウムが再結晶した岩石が、「結晶質石灰岩（大理石）」だ。日本でも各地で産出されているが、建築資材としては山口県美祢《みね》市産のものが、よく使われている。

石灰岩以外の「堆積岩」には、小石（礫）の間に泥や砂がつまって固まった「礫《れき》岩《がん》」、砂が固まってできた「砂岩」、泥が固まってできた「泥岩《でいがん》」、それよりさらに強く押し固められ、板のように薄くてはがれやすい「粘板岩」、火山灰や火山砂が堆積してできた「凝灰岩《ぎょうかいがん》」などがある。

一方、マグマが冷えて固まってできた岩石は「火成岩」と呼ばれる。そのうち、マグマが地下の深いところでゆっくり冷え、数万年という時間をかけて固まったものを「深成岩」という。結晶が大きく、そのサイズがほぼそろっているのが、深成岩の特徴だ。白っぽく見える「花崗岩」や灰色に見える「せん緑岩」、黒っぽく見える「はんれい岩」などがある。

これに対して、マグマが地表に流れ出し、急速に冷やされて固まったものを「火山岩」と呼ぶ。結晶がうまくできず、固まった石基《せっき》の中に、結晶がうまったような造りが特徴である。白っぽく見える「りゅうもん岩」、灰色に見える「安山岩」、黒っぽく見える「玄武岩」などがある。

哺乳類、爬虫類、魚類…
常識としておさえたい動物の分類法

まず、問題です。

「コウモリは脊椎動物の中では、どの種類に属しますか？」

「脊椎動物」とは、背骨のある動物のことであり、「哺乳類」「鳥類」「爬虫類」「両生類」「魚類」の種類がある。

そして、冒頭の問題の答えは「哺乳類」。コウモリは、卵を産むのではなく、子を産む。コウモリの詳しい進化の過程はわかっていないが、樹上生活をしていた小さな哺乳類が、枝から枝へ飛び移っている間に、飛行能力を身につけていったと考えられている。実際、コウモリの翼は鳥類の翼とは異なり、「飛膜」と呼ばれる伸縮性の膜でできている。コウモリは、羽のある哺乳類なのである。

反対に飛べない鳥には、ペンギン、ダチョウがいる。両者とも卵を産んで羽をもつ鳥類だが、ペンギンの翼はひれ状に退化している。首が短く、胴体を立てていることもペンギンの特徴だ。ただ、一般に短いと思われている脚は、実際には体内の皮下脂肪の内側で折り曲げられていて、見かけよりは長い。

ダチョウも翼はあるが、翼を動かす胸筋が貧弱で飛ぶことはできない。羽もあるが、その羽に軸がなく、ふつうの鳥類とは違っている。

一方、背骨のない「無脊椎動物」には、「節足《せっそく》動物」「軟体動物」「環形《かんけい》動物」「棘《きょく》皮《ひ》動物」「腔腸《こうちょう》動物」「原生動物」の種類がある。

「節足動物」は節のある脚をもつ動物で、「昆虫類」と「クモ類」、ムカデ、ヤスデ、ゲジなどの「多足《たそく》類」、エビ、カニ、ザリガニなどの「甲殻《こうかく》類」がある。

「軟体動物」はやわらかい体をもつ動物で、イカ、タコ、ナメクジ、カタツムリ、

■動物を分類すると…？

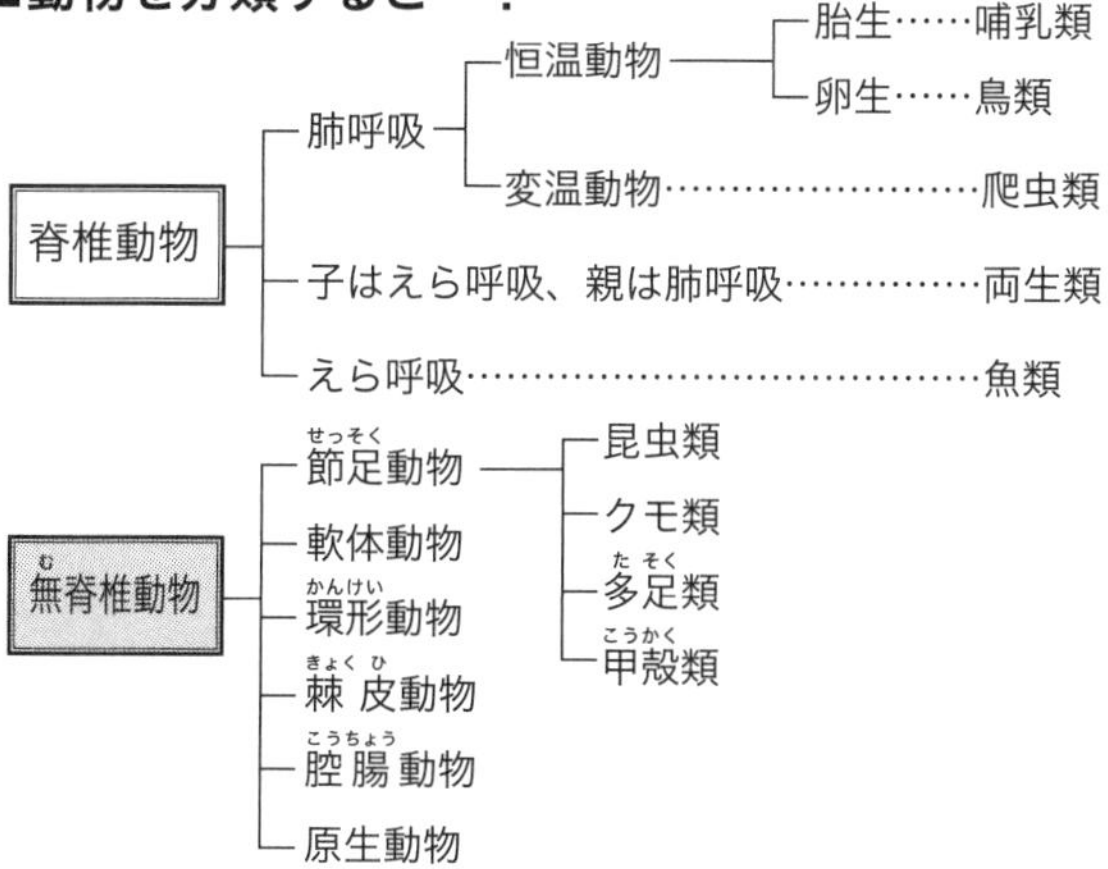

貝類などがいる。「外套《がいとう》」と呼ばれるヒダをもち、そこから炭酸カルシウムを分泌して殻をつける。この殻で、外敵からやわらかな体を守ったり、乾燥を防いだりしている。タコやイカ、ナメクジは、その殻を退化させた軟体動物である。

「環形動物」は、環《わ》がつながったような形の動物で、ミミズ、ゴカイ、ヒルなどがいる。

「棘皮動物」は、トゲのある体表をもつ動物で、ヒトデ、ナマコ、ウニなど。

「腔腸動物」は、体のすきま（腔）が腸となった動物で、クラゲ、サンゴ、イソギンチャクなど。

「原生動物」は、一つの細胞でできた原始的な動物で、ゾウリムシやアメーバなどがいる。

口から体に入った食べ物が「消化」「吸収」されるまで

乳幼児の〝誤飲事故〟で、大事になりやすいのは「たばこ」である。たばこは、乳幼児には2分の1~1本で致死量となり、少量でも頭痛、嘔吐、痙攣《けいれん》、呼吸困難などを引き起こすことがある。子供がたばこを誤飲したとわかったときは、すぐに救急車を要請し、病院へ連れていく必要がある。

他に、乳幼児がよく飲み込むのは、「医薬品・医薬部外品」「オモチャ」「プラスチック製品」などである。BB弾のように小さなものは、翌日か翌々日、排便の際、一緒に出てくることがあるが、大きなものは消化器の中にとどまり、病院で摘出措置が必要な場合もある。

一般に、人間の口に入った食べ物は、口、食道、胃、小腸、大腸、肛門と通って消化、吸収、排泄される。

まず、口では、食べ物を歯でかみ砕いたり、唾液ででんぷんを麦芽糖に変えたりする。胃では、食物をもんでやわらかくするとともに、胃酸によって消化物を殺菌、腐敗を防ぎながら、内壁の胃腺から胃液が出て、タンパク質をペプトンに変える。

小腸は、消化された養分を吸収する。小腸は長さ6〜7メートルの筋肉の管で、胃に近いほうから十二指腸、空腸、回腸と分かれている。小腸の内側のひだには、「柔毛《じゅうもう》」と呼ばれる細かい突起が密生し、その付け根に腸腺があって、腸液が分泌される。腸液は、糖やタンパク質を消化する一方、柔毛には、毛細血管とリンパ管が通っていて、そこから養分を吸収している。

大腸では、どろどろになった食物から水分を吸収し、残った固形物を肛門から便として排泄する。大腸は約2メートルの筋肉質の管で、盲腸、虫垂、結腸、直腸に分けられ、それぞれに吸収した水分などを送る動脈がつながっている。

また、結腸は、右の腸骨の部分から腹部をグルッと大きく回り、仙骨上端までつながっている。お通じの悪い人の場合、この結腸の動きが悪く、結腸内で便が滞っているケースが多い。

肺の呼吸の仕組みを覚えていますか？

深呼吸をするとき、「吸って吐く」方法もあれば、「吐いてから吸う」という方法もある。ラジオ体操では「大きく吸って、はい、吐いて」という順番で深呼吸を行うので、日本人には、吸ってから吐くという方法をとる人が多いが、スポーツ科学の専門家には、息を吐けば、しぜんに吸うので、吐いてから吸うという深呼吸のほうが楽にできると指摘する人もいる。

そもそも、呼吸は、空気中の酸素と血液中の二酸化炭素を交換することを目的としている。鼻と口から空気を吸い込むと、「気管」「気管支」を通って左右の肺に入っていく。

気管支の先には、「肺胞」が、左右合わせて約7〜8億も連なっている。肺胞は、ブドウの房のように連なり、その回りを網のようになった毛細血管がつつんでいる。

空気中の酸素は、肺胞と毛細血管を通して、血液中に取り入れられる。と同時に、血液中の二酸化炭素は、毛細血管を通して肺に取り出されている。

といっても、肺には筋肉がないので、それ自体ではふくらんだり、縮んだりすることができない。息を吸うときには、肺胞の入った部屋（胸腔）を広げるのである。

人の胴体は、肋骨の下部にある横隔膜によって、上下二つの部屋に隔てられている。胃や腸の入った下の部屋が「腹腔」と呼ばれ、肺や心臓のある上の部屋が「胸腔」である。この胸腔を広げることとは、肋骨と肋骨の間の筋肉（肋間筋）や、胸骨の後面と肋軟骨につく胸横筋、横隔膜などの「呼吸筋」によって行われる。胸腔を広げると、胸腔の中の圧力が肺の中より低くなることから、しぜんに外気が取り込まれるという仕組みになっている。

逆に、呼吸筋をゆるめ、胸腔を狭めると、胸腔内の圧力が外気より大きくなるので、肺から二酸化炭素などの息が吐き出される。

なお、「胸式呼吸」とは、肋骨と肋骨の間の肋間筋を収縮させ、肋骨を引き上げることで胸腔を広げ、空気を取り込むという呼吸である。胸式呼吸をすると、肩が上がるのは、肋骨が引き上げられているからで、呼吸量が少ないので呼吸が浅くなり、呼吸の間隔は短くなる。

これに対して「腹式呼吸」は、肋骨の底面についている横隔膜を使った呼吸である。横隔膜は収縮すると下降し、これによって胸腔が広がるので、自然と外気が取り込まれる。腹式呼吸をするとお腹がふくらむのは、横隔膜が下がり、腹腔部分が押し出されたためである。赤ちゃんがスヤスヤ眠っているとき、お腹が大きく上下しているのは、腹式呼吸をしているからで、腹式呼吸をすると息が深くなり、呼吸はゆっくり、ゆったりとなる。

被子植物、裸子植物…常識としておさえたい植物の分類法

植物には、さまざまな分け方がある。たとえば、仲間の増やし方に着目すると、種で増やす「種子植物」と、胞子で増やす「胞子植物」に分けられる。また、「種子植物」は、種がどこにできるかによって、「被子植物」と「裸子植物」に分かれる。

「被子植物」は、たとえばリンゴやブドウのように、種が実の中にできるタイプで

■植物を分類すると…？

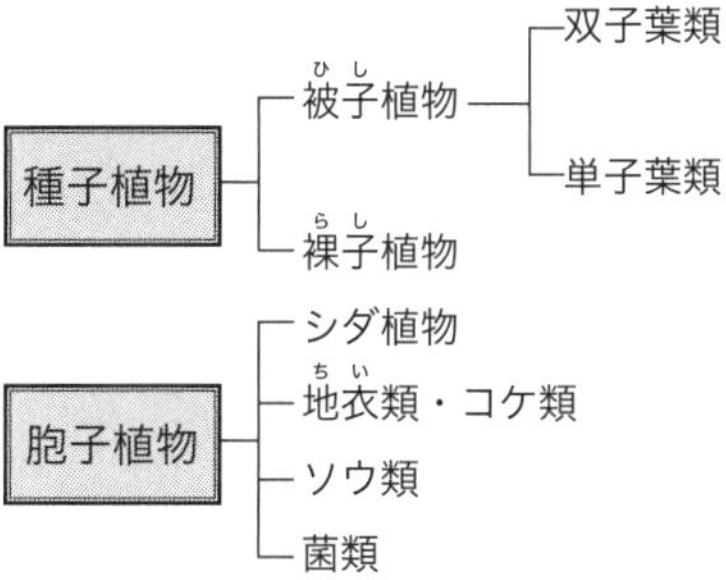

ある。さらに、この「被子植物」は、最初の葉である子葉が2枚である「双子葉植物」と、子葉が1枚の「単子葉植物」に分かれる。「双子葉植物」にはバラやナデシコ、アサガオ、ナス、ダイコンなどがあり、「単子葉植物」にはユリ、イネ、ラン、パイナップル、ツユクサ、ショウブなどがある。

もう一方の「裸子植物」は、めしべの一部分である「子房《しぼう》」がなく、種子になる「胚《はい》珠《しゅ》」がむき出しになっている。これには、マツやスギ、イチョウ、ソテツ、ヒノキなどが含まれる。

この「種子植物」に対して、胞子で仲間を増やす「胞子植物」は、ワラビ、ゼンマイ、スギナのような「シダ植物」、スギゴケ、ゼニゴケなどの「地衣《ちい》類・コケ類」、コンブやワカメ、クロレラ、アイミドロなどの「ソウ類」、シイタケ、マツタケ、アオカビなどの「菌類（カビ・キノコ）」に分かれている。

また、樹木を二つに分けると、1年中、緑色の葉をつける「常緑樹」と、秋の終わりに、すべての葉が落ちる「落葉樹」に分けられる。常緑樹は、敷地や家の目隠しや日除けになるので、最近、ガーデニングでも人気が高い。

とくに、人気上昇中の常緑樹に、楚々とした白い花をつけ、洋風の家に合う「ハイノキ」や、白く大きな花をつける「常緑ヤマボウシ」などがある。この常緑ヤマボウシは、桃をもっと甘くしたような赤い実もつける。さらに、赤い実と品のある葉の緑とのコントラストが鮮やかな「ソヨゴ」、赤い実と淡紫色の花をつける「ナナノミキ」なども人気がある。

草花の冬の過ごし方で分類すると、アサガオやヒマワリ、ホウセンカのように種で冬を過ごすのが「一年草」である。一年草は、春に芽を出し、夏や秋に咲き、冬までに枯れる。また、エンドウやアブラナ、ナズナのように、秋に芽を出し、そのまま冬を越して春に咲き、夏までに枯れるのが「二年草」である。

そして、タンポポやイチゴ、ダリア、ユリ、ススキなどのように、地下の茎や根で冬を過ごし、毎年、同じ株から芽を出して咲く植物を「多年草」という。

植物の種が芽を出すのに必要な三つの条件

「早く芽を出せ、柿の種。出さぬとハサミでちょん切るぞ」といえば、童話『猿蟹合戦』のセリフだが、子供の頃、アサガオやヒマワリの種をまき、「早く芽を出せ」と念じながら、毎日ながめていたという人もいることだろう。

だが、いくら念じても、芽の出ない場合もある。種が発芽するには必要不可欠な三条件があって、一つでも欠けると芽は出ない。

一つは「水」である。種は、含んでいる水分が少ないので、日に当たるだけでカラカラに乾く。そして乾くと、休眠状態になってしまう。その種は水を吸うことで休眠から覚めるのだ。

二つめは「酸素」である。植物は光合成をするといっても、葉緑体のない種の段階では、光合成はできない。種は内部へ酸素を摂取し、栄養を燃やしながら生きながらえている。したがって、発芽に水が必要だといっても、水につけっ放しにすると酸素を摂取できなくなるので、芽が出ないばかりか、腐ってしまう。

三つめは「温度」である。発芽に必要な栄養素を作り出すにはエネルギーが必要で、温度はそのエネルギーとなる。冬の間は芽が出ず、春になると出てくるのも、温度が高まるためである。

小学生でこの発芽の三条件を習ったとき、「光は必要ない」ことを知った人は少なくないだろう。実際、大豆やカイワレなどを光の届かない箱の中に入れ、水、酸素、温度の三条件がそろっていれば、光がなくても発芽することを実験で確かめたという人もいることだろう。

ただし、すべての植物が「光」を必要としないかといえば、そうではない。植物の半数以上は、四つめの条件として「光」が必要で、それらの植物は「光発芽種子」と呼ばれている。その代表には、レタス、イチジク、タバコ、マツバボタンなどがある。

植物の「光合成」って呼吸とはどう違う？

植物は、呼吸を(1)1日中している、(2)日光の当たらない夜間だけしている。(1)と(2)で、正しいのはどっちだろう？　その正解はこの項の最後に紹介しよう。

植物の特徴に「光合成」を行うことがある。光合成は、水と二酸化炭素を原料にして、葉の中にある「葉緑体」の中で、でんぷんと酸素を作ることである。

植物は、水は根から吸い上げ、二酸化炭素は葉の裏側に多く分布する「気孔」という孔を通じて、空気中から取り入れている。取り入れられた水と二酸化炭素は、葉の細胞の中に存在する緑色の粒である「葉緑体」に集められ、光のエネルギーの助けを受けて、でんぷんと酸素を作り出している。

でんぷんは、その後、水に溶けやすい糖に変えられ、師管《しかん》を通って種、実、根、茎などに蓄えられる。イモ類は、このでんぷんが大量に蓄えられたものである。

また、一部の糖は、植物の成長エネルギーとして使われる。酸素は、一部が自分自身の呼吸に使われ、残りは空気中に出される。このため、日当たりのよい場所においた植物は、盛んに光合成を行い、葉は大きくなって数も多くなるし、茎も太くて丈夫になる。これに対して、日陰においた植物は、日光が十分に当たらず、葉は小さくなって茎は細く、見るからに弱々しい。日光を受けようと背伸びをするので、ひょろひょろの草花となる。

また、地球は、誕生時、酸素の濃度が今よりずっと薄かった。だが、光合成を行う植物が現れたことで、酸素がどんどん増えていった。動物は、この酸素を取り入れて生命を維持してきた。

一方、呼吸とは、体内に空気中から酸素を取り入れ、糖などの養分を分解。生活に必要なエネルギーを取り出すことである。植物も、日光が届かず、光合成をしていないときは、気孔から酸素を吸い込み、二酸化炭素を排出している。昼間は、光合成によって作られた酸素の一部を使い、呼吸をする。排出した二酸化炭素は光合成に使うので、ひじょうに効率のよい呼吸システムとなっている。

植物は、昼間、光合成を行うので呼吸はしていないように見えるが、じつは1日中、呼吸も行っている。したがって、冒頭の問題の答えは(1)である。

3時間目
国語

小学校の勉強で、
「言葉の数」は
こんなに増える

基本編

小学生向けの教科書、参考書、問題集、中学入試問題などで見かける慣用句やことわざ、成句をまとめました。覚えていますか？　意味を説明できますか？

◎その状況を言葉にすると？――慣用句・ことわざ①

□**手ぐすね引く**……十分に準備して、相手を待ち構えること。「くすね」は松脂《まつやに》と油をいっしょに煮て練った粘着力の強いもの。武士がそれを弓の弦《つる》に塗って手入れし、合戦に備えたことから。「手ぐすね引いて待ち構える」など。

□**手をこまねく**……手出しをせずに傍観する様子。動作としては、腕組みをしている状態のこと。「手をこまねいて見ている」など。

□**浮き足立つ**……期待や不安が先立ち、目の前のことに集中できていない様子。「浮き足」は、爪先だけが地につき、足の裏で十分に踏んでいない状態。そこから、落ちつかない様子という意味に。

□**色めき立つ**……興奮・緊張が表れる様子。この「色」は、もとは「敗色」を意味し、本来の意味は、劣勢に冷静さを失った様子。

□**白羽の矢が立つ**……多くの中から、一人が選ばれること。昔、人身御供《ひとみごくう》を求める神が、希望の少女の家の屋根に白羽の矢を立てたという話から。

□**目鼻がつく**……物事がおおよそ出来上がり、見当がつくこと。ほぼ予想ができること。「仕事の目鼻がつく」など。

□**虎を野《の》に放つ**……人に害を与えるものや、争いのもとになるものを、野放しにしておくことのたとえ。「千里の野に虎を放つ」ともいう。

□二足の草鞋《わらじ》を履《は》く……一人の人が、違う職業につき、二つ同時にこなすこと。もとは、江戸時代に、十手《じって》を預かった博徒が賭博を取り締まる捕吏《ほり》を兼ねたことから。

□盆と正月が一緒に来る……幸運が重なったことのたとえ。あるいは、ひじょうに忙しい様子のたとえに使う言葉。お盆と正月がいっぺんに来たかのように、という意味。

◎ほめられた態度ではありません——慣用句・ことわざ②

□お茶を濁す……表面を取りつくろい、その場をいいかげんにごまかして、切り抜けること。「会議で意見を求められたが、ひとまず感想だけ述べてお茶を濁した」など。

□足元を見る……相手の弱みにつけこむこと。昔、駕籠《かご》屋が山道を歩いて来た旅人と料金交渉をするときに、旅人の足元の疲れ具合を見ながら、金額をふっかけたことに由来する言葉。

□**大風呂敷を広げる**……できそうもないことをいって見栄をはること。昔、銭湯で脱いだ服を風呂敷で包むとき、豊かな人は持ち物が多かったため、大きな風呂敷が必要だった。その必要のない人が大風呂敷をもつことから、今の意味に。

□**木で鼻をくくる**……無愛想で、そっけない態度のこと。「木で鼻をくくるような応対」など。

□**後足で砂をかける**……去るときに、恩をあだで返すようなまねをすること。犬や猫などの動物が、足で砂を舞い上げるようにして、走り去る様子から。

□**鯖《さば》を読む**……物の数をごまかすこと。鯖は腐りやすいため、急いで数えたことから。「年齢を5歳も鯖を読む」など。

◎困ったことが起きています――慣用句・ことわざ③

□**足元に火がつく**……危険が自分の身辺に迫っているさま。この「足元」は、ある人のごく身近な部分のことを意味する。「不正問題が発覚し、足元に火がついた」など。

□**風向きが悪い**……形勢が不利なさま。帆船は、風向きが悪いと、順調に航行できないことから。「いささか風向きが悪い」など。

□**総毛《そうけ》立つ**……恐怖や寒さのために、全身の毛が逆立つ様子。「目の前で事故が起き、総毛立った」など。

□**膝が笑う**……足を使いすぎて、疲れから膝がガクガクすること。おもに階段や山登りなどの下り道で、膝の力が抜け、思うように歩けないさまをいう。

◎どんな関係でしょう？——慣用句・ことわざ④

□**気が置けない**……気をつかう必要のない親しい関係の形容。「気が置けない友人」など。

□**一枚噛む**……ある事柄に、何らかの関係をもつこと。「儲け話に一枚噛む」など。

□**目の上のこぶ**……自分よりも地位や実力が上のものが、目ざわりで邪魔になるたとえ。目の上にこぶができれば、たえず気になることから。「目の上のたんこぶ」ともいう。

□**虎の尾を踏む**……ひじょうに危険なことをすることのたとえ。猛獣の虎の尾を踏んで怒らせるようなことをする、という意味。「虎の口へ手を入れる」ということわざもある。

□**赤子の手をひねる**……力の弱い者を簡単に打ち負かすこと。赤ん坊は力がないので、その手を簡単にひねることができるところから。

◎どんな感情でしょう？――慣用句・ことわざ⑤

□**後ろ髪を引かれる**……未練が残っていることのたとえ。「後ろ髪」（頭の後ろの髪）を引かれると、前に進みづらくなることから。

□**砂を噛むよう**……面白みがなく、うんざりすること。何の味わいもないことのたとえ。

□**二の句が継げない**……呆れて次の言葉が見つからないことのたとえ。漢詩に節をつけて歌う朗詠で一の句から二の句に移るとき、急に高音となるため、続けて詠《よ》むことがむずかしいことに由来。

□**寝耳に水**……思いがけない知らせを聞いてびっくりすること。このときの「水」は、就寝中、耳に入れられた水とする説と、就寝中、洪水の音を耳にしたという説の二説がある。

□**目頭が熱くなる**……涙が出そうになること。「優しさに思わず目頭が熱くなる」など。「目頭」は、目尻の反対側、鼻に近いほうの目の端。

□**目くじらをたてる**……ささいな失敗を取り立てて罵《ののし》ったりすること。目尻を吊り上げること。

□**目を皿のようにする**……驚いたり、物を探したりするときに、目を大きく見開くこと。この皿は上から見たときの状態で、真ん丸であることのたとえ。

◎どんな行動でしょう?——慣用句・ことわざ⑥

□**足を洗う**……今は「職を変える」という意味に幅広く使われているが、もとはその筋の人が「堅気《かたぎ》に戻ること」。さらに、さかのぼると、おおもとは、僧侶が外で裸足で托鉢し、寺に戻って法話をする前に足を洗い清めたことから。

□**一矢《いっし》を報いる**……相手の攻撃や言葉に、わずかながらやり返すこと。敵の攻撃に対し、一本の矢を放って反撃することから。

□**釘を刺す**……後になって問題が生じないように、あらかじめ念を押しておくこと。念入りに警告すること。「遅刻しないよう、釘を刺しておいた」など。

□**口火を切る**……物事のきっかけをつくること。「騒動の口火を切った張本人」など。「口火」は、もとは火縄銃の火蓋に使われた火のこと。口火がつくと、弾が発射されることから、物事が起きるきっかけという意味に。

□**駄目を押す**……わかりきっていることでも、念のために確認をすること。「駄目」は囲碁の用語で、双方の境にあって、どちらの陣地にもならないところ。勝っているにもかかわらず、さらに一手をかけて駄目をつめることから。

□**湯水のように使う**……湯や水を使うように、金銭などを惜しげもなく使うこと。「会社の金を湯水のように使う」など。

□**水を向ける**……相手が話しはじめるよう仕向けたり、関心のある方向へ話題などを向けること。もとは、巫女《みこ》が精霊などを呼び出す口寄せという儀式で、水を差し向けることを指した。

□**横車を押す**……無理を通すことのたとえ。車は前か後ろから押すものなのに、横に押して無理やり動かそうとすることから。

□**火中の栗を拾う**……他人の利益のため、危険を冒すことのたとえ。中国故事ではなく、フランスの寓話に由来。

□**火に油を注ぐ**……余計な手出し口出しをして、収拾がつかなくなることのたとえ。燃えている火に油を注ぐと、より激しく燃え上がることから。

◎よくも悪くも「評価」する――慣用句・ことわざ⑦

□**三拍子そろう**……三つの好条件がそろっている状態。「三拍子そろった選手」など。

□**板につく**……仕事に慣れ、態度や立ち居振るまいがその地位や職業にふさわしく、それらしくなること。

□**一目置く**……相手が自分より優れていることを認め、一歩譲ること。「部長も彼の実力には一目置いている」など。

□**お門《かど》違い**……見当がはずれていること。相手が違うこと。「私に文句をいうのはお門違いですよ」など。

□**序の口**……物事が始まったばかりのこと。相撲の番付の最下位のランクで、多くの力士がその位から相撲をとり始めることから。「ほんの序の口」など。

□**紋切り型**……言動などが型にはまっていて決まりきっている様子。「紋切り型のスピーチ」など。もとは、紋形を切り抜くための型紙のことで、そこから、型どおりという意味で使われるようになった。

◎どういうタイプですか？——慣用句・ことわざ⑧

□**腕に覚えがある**……自分の才能や腕前に自信をもつこと。

□**地獄耳**……人の秘密などをすばやく聞きこむ早耳のこと。「彼は地獄耳なので、油断がならない」など。地獄では、人を裁くため、人間界の状況をすばやく察知するということから。

□**立て板に水**……口からすらすらとよどみなく言葉が出てくるさま。立て板に水を流したとき、水が勢いよく流れるように、という意味。

□**鳴り物入り**……派手な宣伝などで、騒ぎ立てる様子。演劇や舞踏で楽器を入れて、にぎやかにするところから。

□**歯に衣《きぬ》着せない**……思っていることを遠慮なくズバズバいう様子。「歯に衣着せぬ物いい」など。

□**生き馬の目を抜く**……他人を出し抜いて、ずる賢く利益を得る様子。生きた馬から目を抜きとるほど、抜け目なくすばやいことから。

□目から鼻へ抜ける……頭の回転が早く、ものわかりがいいことのたとえ。抜け目がなく、すばしこいことにも使う。「一を聞いて十を知る」も理解が早く賢いという同様の意味をもつ。

□すねにきず……心の奥底にやましい事を抱えている状態を指す。足のすねに傷を負っていると、しばしば痛むことから。「すねにきずもつ身」など。

◎どんな様子？――慣用句・ことわざ⑨

□口が酸っぱくなるほど……同じことを何度も繰り返しいうこと。「口が酸っぱくなるほど注意する」など。

□けんもほろろ……人の頼みなどをつれなく断るさま。「けん」も「ほろろ」も、愛想のないキジの鳴き声を表したもの。「けんもほろろに断られる」など。

□一糸乱れぬ……少しも乱れることなく、整然としているさま。「一糸乱れぬ行進」など。

□三々五々……人や家が点在しているさまを表す言葉。三人か五人ぐらいの少人数のまとまりが、あちこちにいたりするさまから。「三々五々連れ立って行く」など。

□涼しい顔……自分に関係あるのに、そ知らぬふりをするさま。

◎こういう言い方があるんです――慣用句・ことわざ⑩

□風の便り……どこからともなく聞こえてくる噂。「風の便りに消息を知る」など。

□蚊の鳴くような声……蚊の羽音のように、小さな声のたとえ。「蚊の鳴くような声では、聞こえないよ」など。

□**雀の涙**……量がきわめて少ないことのたとえ。「雀の涙ほどの金額」など。

□**正念場**……ここぞという大切な場面。本来は「性根場」で、歌舞伎や人形浄瑠璃で、最も大事な見せ場のこと。

□**玉虫色**……解釈のしようによって、どちらとも取れる曖昧な表現のこと。玉虫の羽根色が光線の具合によって、さまざまな色に見えることから。「玉虫色の答弁」など。

□**手前味噌**……自分や身内の自慢のこと。自家製の味噌の味を自慢することから、この意味が生じた。

□**丼勘定**……大ざっぱな金の出し入れ。この「丼」は器ではなく、職人の腹掛けの前面についた物入れのこと。そこに金を入れて無造作に支払いをしたことから。

□虎の子……大事なもの。大切に秘蔵して手元から離さないもの。「虎の子の貯金」など。

□猫の額……場所が非常に狭いことの形容。猫の額が狭いことから。

□目白押し……多くのものが隙間なく並ぶこと。鳥のメジロが、樹木に止まるとき、押し合うように並ぶところから。

□鰻の寝床……間口が狭く奥行きが長い、細長くて窮屈な建物や場所。体の細長い鰻は寝床も細長いだろうという想像から。「鰻の寝床のような店内」など。

□藪《やぶ》から棒……予期せぬ出来事が起きることのたとえ。藪は、草木が生い茂り、何がいるかわからない気味悪い場所。そんな場所から突然棒が突き出されるような驚きから。

□**対岸の火事**……他人には災難でも、自分には無関係であることのたとえ。向こう岸の火事は、こちら側に燃え移る心配がないことから。

◎そのモヤモヤを言葉にしたい――慣用句・ことわざ⑪

□**頭隠して尻隠さず**……悪事や失敗を隠したつもりでも、実際には一部しか隠せていない間抜けな状態。キジが隠れるとき、草むらに首を突っ込み、尻尾は丸見えにしているという愚かな様子に由来。

□**紺屋《こうや》の白袴**……人のことにかまけて、自分のことをおろそかにすることのたとえ。藍染職人が人の衣を染めながら、自分は白袴であることから。「医者の不養生」と同じ意味。

□**絵に描いた餅**……何の役にも立たないもののたとえ。どんなに巧みに描いても、餅の絵は食べられないことから。

□**針の穴から天を覗く**……経験不足の狭い知識に頼って、世間全般について判断しようとする態度をあざけっていう言葉。小さな針の穴から天を見るように、という意味。「葦《よし》の髄《ずい》から天井を覗く」も同じ意味。

□**門前の小僧習わぬ経《きょう》を読む**……子供は環境の影響を受けやすいことのたとえ。寺の門前に住む子供は、習わなくても僧侶の真似をして自然と経を読むようになることから。

□**帯に短し襷《たすき》に長し**……帯にするには短すぎるし、襷にするには長すぎて、中途半端で役に立たないことのたとえ。

◎背中を押すか、ブレーキを踏むか――慣用句・ことわざ⑫

□**転《ころ》がる石には苔が生えぬ**……活発に動く人は、いつも生き生きとしているこ
とのたとえ。また、仕事や住まいを頻繁に変える人は、暮らしが安定しないと
いう意味でも使われる。

□**案ずるより産むが易し**……何かを行う前に心配するよりも、実際にやってみ
ると意外に簡単にできることのたとえ。出産は、あれこれ心配するよりも、
実際に産んでみると、案外すんなりいくということから。

□**鉄は熱いうちに打て**……伸びる力がある若いうちに鍛練することが重要とい
うことのたとえ。

□**二兎を追う者は一兎をも得ず**……欲張って一度に二つのことをしようとし
ても、どっちつかずになること。一度に二匹の兎を追いかけて捕まえようと
しても、二匹ともに逃げられてしまうことから。

□**寄らば大樹の陰**……頼るのであれば、力のある集団や人を頼ったほうがよい

ことのたとえ。大きな樹の下にいれば、雨が降ってきても濡れる心配はなく、日陰にもなるので安心なことから。

□**勝って兜《かぶと》の緒を締めよ**……成功しても、油断してはならないという戒め。徳川家康が勝利後、気を引き締めるため、兜の緒を結んだとされる故事に由来するという説も。

◎ピンチ・トラブルをめぐるひと言です——慣用句・ことわざ⑬

□**雨降って地固まる**……もめ事が起きても、最終的には前よりよい状態になることのたとえ。雨が降ったあと、ゆるんでいた地面がかえって固くしまることから。

□**火事場の馬鹿力**……火事のような非常事態では、ふだんでは考えられないような力が出ること。

□**地獄で仏**……苦境に立たされたとき、思わぬ助けに喜ぶこと。「地獄で舟」「地獄の地蔵」「闇夜に提灯」ということわざもある。

□**苦しい時の神頼み**……自分が辛いときにだけ、人に助けを求める者の身勝手さをいう言葉。日頃、神様を拝んだことのない者が、困ったときだけお祈りし、神仏にすがる様子から。

□**焼け石に水**……少々のことでは、効果があがらないことのたとえ。熱く焼けた石に、多少の水をかけても冷えないことから。

□**弱りめにたたりめ**……困ったときに、さらに困ったことが起きること。たたりめは「祟り目」と書き、神の祟りのこと。

□**捕らぬ狸の皮算用**……確実でないことを当てにして、あれこれ計画を立てることのたとえ。捕ってもいない狸の皮が、いくらで売れるかを考えても意味がないことから。

□**鳶《とんび》に油揚げをさらわれる**……大切にしていたものを、横からさらわれてしまうことのたとえ。獲物を見つけた鳶が、急降下してさらっていくことから。

□**泣き面に蜂**……不運の上に、さらに悪いことが重なることのたとえ。泣いているところを、さらに蜂に刺されるという意味。「弱りめにたたりめ」と同じ意味。

□**庇《ひさし》を貸して母屋《おもや》を取られる**……一部を貸したばかりに、全部を奪われてしまうことのたとえ。この「庇」は、屋根の庇のことではなく、寝殿造りで周辺にあった小部屋のこと。

□**骨折り損のくたびれ儲け**……努力をしたのに、効果があがらず、ただ疲れること。無駄な努力や、少しも利益にならないことのたとえ。

◎その行動に、どんな意味がある？――慣用句・ことわざ⑭

□石橋を叩いて渡る……用心に用心を重ねて行動することのたとえ。頑丈な石橋さえ、渡るときには、叩いて安全を確かめながら渡るように、という意味。

□清水の舞台から飛び降りる……必死の覚悟で、物事にあたるときのたとえ。「清水の舞台」は、京都の清水寺の本堂のことで、崖の上に建てられており、江戸時代には願掛けをして飛び降りれば願い事がかなうと信じられていた。

□蝦《えび》で鯛を釣る……元手をかけずに大きな利益を得ること。値打ちのないものを餌にして、値打ちのあるものを手に入れることのたとえ。

□爪の垢を煎じて飲む……すぐれた人に、あやかろうとすることのたとえ。目標とする人の爪の垢を薬として飲むまでして、見習おうとすること。

□縁の下の力持ち……人目につかないところで、他人のために力を尽くす人のこと。昔、縁日などで寺社の縁の下で力芸を見せた見世物師に由来するという説もある。

□立つ鳥跡を濁さず……立ち去る者は、見苦しくないよう、きちんと後始末をしておくべきというたとえ。水鳥が水を濁らせることなく、すっと飛び立つことから。「飛ぶ鳥を落とす勢い」と混同して、「飛ぶ鳥跡を濁さず」と誤用しないように。

◎戒め、教訓…ものの考え方としておさえたい――慣用句・ことわざ⑮

□一寸の虫にも五分の魂……力が弱い者でも、侮ってはいけないということのたとえ。力の弱い者が強い者に向かっていくときの様子に関しても使うことわざ。

□**早起きは三文の徳**……朝早く起きれば、何かいいことがあるというたとえ。もとは、早起きすると、清々しい気持ちになれ、品性（徳）を高められるという意味。「早起きは三文の得」とも書く。

□**好きこそ物の上手なれ**……人は、好きなことなら熱心に行い、努力を惜しまないので、早く上達するものであるということ。「下手の横好き」は、その反対の意味で、下手なくせにやたら熱心にそのことを行うという意味。

□**論より証拠**……理屈で話し合うよりも、はっきりとした証拠を見せたほうが、わかりやすいということ。「百聞は一見にしかず」と同様の意味。

□**理屈と膏薬《こうやく》はどこへでも付く**……つけようと思えば、どんなことでも、もっともらしい理屈をつけられるという意。膏薬（塗り薬）は、体のどこにも付けられるのと同じように、という意味。

□**良薬は口に苦し**……自分のためになる忠告は、素直に受け入れがたいものだということのたとえ。よく効く薬ほど、苦くて飲みづらいことから。

□弘法は筆を選ばず……習熟している者は、道具や材料のよしあしを問題にしないことのたとえ。書の名人であった弘法大師は、どんな筆でも、巧みに文字を書いたことから。

□弘法にも筆の誤り……こちらは、どんな名人でも失敗することがあることのたとえ。書道の名手の弘法大師が、依頼された「応天門」という字を書いたとき、「応」の字の「心」の点を一つ書きもらしたという故事から。

□嘘つきは泥棒の始まり……嘘をつく人間は、やがて盗みも働くようになるという意味。だから、嘘をついてはならないという戒め。

□芸は身を助ける……人間生きていくためには、何かしら手に職をつけたほうがよいという意味の言葉。この「芸」は、本来の意味のほかに、技術という意味を含んでいる。

◎世間のありようを伝える言葉――慣用句・ことわざ⑯

□火のない所に煙は立たぬ……人の噂になるのには、それなりの理由があるということ。火の気がまったくないところに、煙は立たないことから。

□出る杭は打たれる……飛びぬけて目立つ人は、周りの人から嫉妬されて邪魔されやすいことのたとえ。杭を並べて立てるとき、他の杭と高さをそろえるために、出すぎた杭を地面に打ち込むことから。「出る釘は打たれる」と誤用しないように。

□天災は忘れた頃にやって来る……地震などの天災は、その恐ろしさを忘れた頃に再び起きるものだという意味。物理学者であり文学者でもあった寺田寅彦の言葉。

□**井の中の蛙《かわず》大海を知らず**……狭い知識にとらわれ、それがすべてと思い込むさま。井戸の中にすむ蛙が、外に広い海があることを知らないように、という意味。

□**亀の甲より年の劫《こう》**……人生における経験が大切という意味。「劫」は、仏教用語でひじょうに長い時間のことで、古代、亀の「甲」で吉兆を占ったが、それよりも年の「劫」を経た人の判断が正しいという意味の言葉。

□**勝てば官軍**……もともとの理由はどうあれ、勝った者が正しく、負けた側が邪とされること。「官軍」は朝廷方の軍隊のこと。

□**朱に交われば赤くなる**……人は、付き合う友人によって、よくも悪くもなることのたとえ。よい友人を選ぶことが大切という戒め。

□**情けは人のためならず**……人に情けをかけるのは、相手のためになるだけでなく、回り回っていつかは自分のためになるという意味。

□**人の噂も七十五日**……世間の噂は七十五日間もたてば、おさまるという意味。七十五日は一つの季節を指し、季節が変わるほどの時間がたてば、人は忘れるものという意味。

□**餅は餅屋**……何事もその道の専門家にまかせるのが一番ということ。餅を食べるときは、やはり餅屋がついたものが一番おいしいことから。

◎これは〝あるある〟のひと言――慣用句・ことわざ⑰

□**上手の手から水が漏れる**……その道の上手、達人と呼ばれる人でも、ときには失敗することのたとえ。

□**住めば都**……最初は気にいらない土地でも、長く住めば愛着がわき、都のように住みよくなるということ。「住めば都の風が吹く」「住めば田舎も名所」

ともいう。

□隣の花は赤い……人のものは、何でもよく見えることのたとえ。隣の庭に咲いている花が自分の庭の花よりも、赤くきれいに見えることから。

□灯台下《もと》暗し……この「灯台」は岬に立つ灯台ではなく、室内照明器具の「燈台」。そのすぐ下は陰になって暗いことから、身近なことほどわからないことのたとえ。

□喉元過ぎれば熱さを忘れる……苦しいことでも、過ぎてしまえば忘れてしまうという意味。熱い飲み物や食べ物も、飲み込んでしまえば、熱さを感じなくなることから。

□花より団子……風流よりも実利を大事にする人や態度をからかっていう言葉。花見のとき、桜の花の美しさよりも、お腹を満たす食べ物のほうがよいという人の態度から。

□**腹が減っては戦ができぬ**……何をするにも、まずは腹ごしらえが大切であることのたとえ。お腹が空いていると、力が入らないので、よい結果を得られない、という意味。

□**三つ子の魂百まで**……幼いときの性質や性格は、一生変わらないというたとえ。三つ子とは、三歳の子供という意味。

□**目は口ほどに物を言う**……人の目を見れば、相手の気持ちを読みとれるし、またこちらの目つきで相手に気持ちを伝えられるという意味。

□**瓢箪《ひょうたん》から駒**……思いもよらないことが現実に起きたり、意外なところから意外なものが現れることのたとえ。

◎定番だけにきちんと覚えて使いたい――慣用句・ことわざ⑱

□**知らぬが仏**……当の本人だけが知らないで、呑気にしている様子を冷やかしていう語句。本当のことを知ると、心配になったり、腹も立つが、知らないままでいれば、仏のように心穏やかにいられるという意味。

□**釈迦に説法**……専門家を相手に、くどくど説明することの馬鹿馬鹿しさをたとえた言葉。仏教のことを最もよく知る釈迦に対して説法を行うように、という意味。

□**濡れ手で粟**……たいした苦労もなく、大きな利益をあげること。濡れた手で粟をつかむと、自然と粟が手にくっついてくることから。

□**猫に鰹節**……過ちが起きやすい状況のたとえ。猫の大好物の鰹節を猫のそばにおくと、食べられてしまうことから。

□暖簾《のれん》に腕押し……何の手ごたえもないという意味。この「腕押し」は腕相撲のことで、暖簾を相手に腕相撲をしても、何の手ごたえもないことから。暖簾を腕で押しても手ごたえがないという意味ではない。

□鑿《のみ》と言えば槌……万事に気が利くことのたとえ。「鑿が欲しい」と言ったら、鑿だけでなく、鑿を打つのに必要な槌も出てくるほど、気が利いていることのたとえ。

□仏の顔も三度……温和な性格の人でも、何度も馬鹿にされたり、迷惑をかけられると、腹を立てるという意味。悟りをひらいた仏様でも顔を撫でるような無作法なことを三度も繰り返すと怒り出す、というたとえ。

◎ひどい言い方かもしれないが……――慣用句・ことわざ⑲

□**豚に真珠**……貴重なものも、価値がわからない者にとっては、無価値であること。人間にとっては大切な真珠であっても、その美しさを理解できない豚にとっては無価値だという意味。『新約聖書』に出てくる言葉。

□**身から出た錆**……自分の犯した悪事やミスが、自分を苦しめることのたとえ。この「身」は日本刀の刀身のことで、刀は手入れを怠ると、すぐに錆が出て役に立たなくなることから。

□**団栗《どんぐり》の背比べ**……どれもこれも似たり寄ったりで、たいしたものではないことのたとえ。団栗の実は、どれも同じような大きさであり、大差がないことから。

□**糠《ぬか》に釘**……どんなに注意しても、効果がないことのたとえ。糠に釘を打っても手ごたえがないことから。「豆腐に鎹《かすがい》」と同じ意味。

□**下手な鉄砲も数撃てば当たる**……回数を多くすれば成功することもあることのたとえ。鉄砲を撃つのが下手な人でも、何発も撃てば、一発くらいは当たることもあるという意味。

□**坊主憎けりゃ袈裟《けさ》まで憎い**……誰かを憎むと、その周辺すべてのものが憎く思えてくるという意味。江戸時代は、寺院が庶民に関する行政手続きを行っていたので、僧侶を煙たく思う庶民が少なくなかったという背景があって生まれたことわざ。

□**鬼の目にも涙**……鬼のように冷酷非道な人間でも、ときには相手に情を感じ、やさしい気持ちを見せることもあるというたとえ。先に紹介した「仏の顔も三度」とは反対のことわざになる。

□**馬の耳に念仏**……意見や忠告を言い聞かせても、いっこうに相手に伝わらないことのたとえ。馬に念仏を聞かせても、その価値がわからないことから。

□腐っても鯛……達人・上手は、多少衰えても侮れないことのたとえ。鯛は、外側の膜が丈夫にできているため、腐りにくく、多少品質が落ちても価値があることから、こういわれるようになった。

□猿も木から落ちる……その道の専門家であっても、ときには失敗することのたとえ。木に登り慣れている猿であっても、ときには木からすべって地面に落ちることがあるように、という意味。「河童の川流れ」「釈迦にも経の読み違い」などと同じ意味。

◎風流な表現・歴史を感じさせる言い方――慣用句・ことわざ⑳

□秋の日は釣瓶《つるべ》落とし……秋になると、急速に日が暮れることのたとえ。「釣瓶」を井戸に落とすと、一気に落ちていくことから。

□**暑さ寒さも彼岸まで**……春と秋の彼岸の頃が、それぞれ寒さと暑さの境目に当たること。彼岸は、春分と秋分を中日にして、前後3日をとった計7日間。

□**一富士二鷹三茄子**……初夢に見ると、縁起がよいとされるものを順番に並べた言葉。この順になった理由は、一説には、駿河の国で名高いものである富士山と愛鷹《あしたか》山に、面白くするため、茄子を付け加えたという。

□**過ぎたるは猶《なお》及ばざるが如し**……何事も度を越えたものは、足りないことと同じくらいよくないことであるという意味。昔、孔子が弟子である子張と子夏のどちらが人間として優れているか聞かれ、できすぎる子張も、さほどでもない子夏も完全ではないと中庸の大切さを説いた故事に由来。

□**鳴くまで待とう時鳥《ほととぎす》**……忍耐強く待つことが、最終的には得策になるというたとえ。時鳥が鳴かないときは、気長に待とうという意味。

□**いざ鎌倉**……所属する組織や知人の一大事に、急いで駆けつけること。鎌倉時代、幕府に事あれば諸国の武士が鎌倉に駆けつけたことから。

□**待てば海路の日和あり**……焦らずにじっくりと待てば、やがてよい機会がめぐってくることのたとえ。待っていれば、いつかは海の静かな日がやってくるように、という意味。

□**桃栗三年柿八年**……物事を成し遂げるには、それ相応の年月が必要であることのたとえ。実をつけるまでには、桃と栗は三年、柿は八年もかかったことから。

発展編

知っておきたい20の俳句

次に紹介するのは、小学生向けの教科書や参考書などによく載っている20句の俳句です。むろん、大人なら、一度は目にした句ばかりだと思いますが、誰が詠んだ句か、ご記憶でしょうか？　ヒントを申し上げると、大半は、松尾芭蕉、与謝蕪村、小林一茶の句で、芭蕉作が8句、蕪村作が3句、一茶作が5句含まれています。そして、その他の俳人の句が4句含まれています。さて、誰の句でしょうか？

□古池や蛙飛びこむ水のをと

『春の日』より。「いつもと変わらぬ古池に、水の音がした。蛙が飛びこんだのだ」という意味。蛙の動きと音によって静かさを際立たせた、俳諧を代表する一句。当初は「山吹や」だったというが、より静かな風情を求めて「古池や」

とされた。　　　　　　　　　　　　　　　　　（松尾芭蕉）

□**目出度さもちう位也おらが春**

正月を迎えた自分の境遇を詠んだ句。「妻もあり、子もある身は、めでたいといえばめでたい。だが、自分の寿命や健康がいつまでも続くものではない。そう考えると、自分にとって正月のめでたさは、中くらいというところだろうか」という意。　　　　　　　　　　　　（小林一茶）

□**春の海終日《ひねもす》のたりのたりかな**

作者の代表作として知られる一句。須磨（兵庫県）の海で詠み、「のどかな春の海を見ていると、一日じゅう波がのたりのたりと寄せては返している」という意。　　　　　　　　　　（与謝蕪村）

□**五月雨《さみだれ》をあつめて早し最上川**

「五月雨」は梅雨のこと。山形県の最上川は、日本三大急流の一つで、「目の前を流れる最上川は、梅雨によって、水かさが増し、その流れも早くなっている」という意味。もとは「あつめてすずし」だったが、これを「あつめて早し」と改めた。

（松尾芭蕉）

□柿くへば鐘が鳴るなり法隆寺

作者が東京から故郷・松山へ帰省する途中、奈良に立ち寄ったときの一句。「法隆寺の近くの茶店で、柿を買って食いはじめたとたん、法隆寺の鐘が鳴り響いてきた」という意。

（正岡子規）

□朝顔に釣瓶とられてもらひ水

「朝、早起きをして、井戸の水を汲もうとしたら、朝顔のつるが井戸の釣瓶にからみついていた。釣瓶から朝顔を無理に離すわけにもいかず、隣家に水をもらうことになった」という意。当時は園芸ブームで、朝顔が大切に育てられていた。

（江戸時代の俳人・加賀千代女）

□やれ打《うつ》な蠅が手を摺《すり》足をする

「やあ叩くな。ハエが手や足をすり合わせて、助けてくれと拝んでいるではないか」という意。「手をする足をする」となっている本も少なくないが、正しくは「手をすり足をする」のようだ。

（小林一茶）

□閑さや岩にしみ入《いる》蝉の声

山形県の立石寺《りっしゃくじ》で、日没間ぎわに詠まれた句。立石寺は山の頂きにあり、山全体に岩が多い。「日暮れどきの静けさのなか、鳴き終わりつつある蝉の声が、まるで岩にしみいっていくかのようだ」という意。

（松尾芭蕉）

□雀の子そこのけそこのけ御馬が通る

雀の子が道でエサをついばんでいるところに、馬がやってきた風景を詠んだ春の句。「エサをついばんでいる雀の子よ、どいた、どいた、お馬がやって来るぞ。早くどかないと、ひかれてしまうよ」という意。

（小林一茶）

□荒海や佐渡によこたふ天河《あまのがわ》

季語は「天河（天の川）」で、秋。「夜の闇の中、風が強く、荒海の向こうに、ほのかに佐渡島が見える。上空を見上げれば、天の川の星群がほの白く見える」という意味。佐渡島の黒と天の川の白とのコントラストを描いた一句。（松尾芭蕉）

□名月や池をめぐりて夜もすがら

中秋の名月を観賞しての一句。「今宵、あまりに美しい名月を楽しみ、池の水に映る名月を追いかけて回っているうちに、いつのまにか夜を徹してしまった」という意。（松尾芭蕉）

□さみだれや大河を前に家二軒

「五月雨で増水した大きな川のすぐ近くに、二軒の家が心細い感じで立っている」という意味。大自然の強大な力を前にして、孤立した人間の弱々しくも健気な営みを描いた句。（与謝蕪村）

□痩せ蛙まけるな一茶是に有

春先になると、ヒキガエルが集まって、オスがメスを取り合う「カエル合戦」と呼ばれる群婚が始まる。作者はこの群婚の様子を見て、弱者のカエルを応援した。「痩せたカエルよ、負けるな。私がついて応援しているぞ」という意味。

（小林一茶）

□なの花や月は東に日は西に

大阪平野では、かつて菜種栽培がさかんで、その菜種畑の風景を詠んだ一句。「春の夕暮れ、一面、黄色く覆われた菜種畑の東からは月が現れはじめ、その西では太陽が沈もうとしている」という意。昼と夜の交代の美しさを詠んだ作者の代表句。

（与謝蕪村）

□夏草や兵《つわもの》共《ども》がゆめの跡

かつて兄・源頼朝に追われた源義経が、岩手県平泉で奮戦、討ち死にしたことを思っての句。「目の前には、夏草が生い茂るばかりで、かつてこの地で義

経らの軍勢が奮戦したことも、夢まぼろしのようだ」という意。（松尾芭蕉）

□**我と来て遊べや親のない雀**

一茶は三歳で母を失い、八歳のときから継母に育てられたが、折り合いは悪かった。孤独感を深め、親から離れてしまった子雀に自らを投影した句。「親と離れてしまった子雀よ、同じく孤独な私と一緒に遊ぼうよ」の意。（小林一茶）

□**梅一輪一りんほどのあたゝかさ**

「冬の終わり、梅の花が一輪咲いた。たった一輪でしかないが、たしかに一輪分だけ、暖かくなってきている気がするよ」という意。「梅が一輪、また一輪と咲くごとに、暖かくなってきた」という解釈は誤りとされる。

（江戸時代の俳人・服部嵐雪）

□**秋深き隣は何をする人ぞ**

「秋も深まってきた旅路にあって、旅の家で暮らしている。隣にも人はいるようだが、物音を立てずにひそやかに暮らしている。どのような仕事をしているのか、想像していくと、その人が静かさを好むゆかしい人にも思えてくる」という意。

（松尾芭蕉）

□目には青葉山郭公《ほととぎす》はつ鰹

季語は「初鰹」で、夏。「郭公」はホトトギス。「山」は「青葉山」と「山郭公」と両方にかかる。「鎌倉の山の青葉は目に美しく、山からのホトトギスの鳴く声もまた美しい。そのうえ、初鰹のなんとうまいこと」という意。

（江戸時代の俳人・山口素堂）

□旅に病《やん》で夢は枯野をかけ廻る

生涯、旅とともにあった俳人の辞世の句。「旅の途中で、病に冒され、臥しているが、夢の中では、いまだ枯野を旅している」という意。作者は、辞世の句をつくらないつもりだったが、結果的に辞世の句となった。

（松尾芭蕉）

漢字の部首の名前を覚えていますか？

□**貝**……貝、財、貨、貧、貸、貯、資、負、質など。【かいへん・こがい】

□**頁**……頃、頂、項、須、順、預、領、願、類、頭、顔など。【おおがい】

□**禾**……秒、私、租、秋、科、稲、秘、称、移、税、種、積など。【のぎへん】

□**月**……肌、肝、肘、肺、肪、背、胞、育、胸、脱、腹、腰など。【にくづき】

□**隹**……集、雇、雄、雅、雌、雍、雑、隻、難、離など。【ふるとり】

□**刀・刂**……刃、切、別、刊、利、判、券、前、割など。【かたな・りっとう】

□**欠**……次、欧、欣、欲、款、欺、欽、歌、歓など。【あくび】

□**斤**……斤、斥、斧、斬、断、斯、新など。【おのづくり】

□口……回、団、図、困、国、固、圏、園、囲など。【くにがまえ】

□彡……形、彦、修、彩、彫、澎、彰、影など。【さんづくり】

□尸……尺、尻、局、尾、居、屋、展、属、層、履など。【しかばねかんむり】

□儿……元、兄、光、充、先、兆、克、児、兎、免、党など。【にんにょう】

□卩……卯、叩、印、危、却、即、卵、卸、巻、卿など。【ふしづくり】

□攵……改、政、放、故、整、救、教、敬、散、数など。【ぼくにょう・のぶん】

□殳……殴、段、毀、殺、殻、殿、毅など。【ほこづくり・るまた】

4時間目
算 数

数字と計算に強い人の
頭の中は
どうなっている？

分数のこと、胸を張って子供に説明できますか？

今の小学校では、分数は小学3年生で初めて習う。分数は、一般に小数よりも感覚的に理解しやすいので、小数で失った算数への自信を分数で取り戻す子供もいると、教師の間ではいわれている。その一方で、分数でつまずく子供が多いのも事実だ。

その分数には、いろいろな種類がある。たとえば、$\frac{1}{5}$、$\frac{1}{7}$のように、分子が1の分数は「単位分数」と呼ばれる。

また、分子が分母より小さい分数は「真分数《しんぶんすう》」という。「真」という字が使われているのは、世界の多くの地域で、昔から分数が1より小さい数としてのみ扱われてきたからである。

これに対して、$\frac{7}{7}$、$\frac{5}{3}$、$\frac{11}{4}$のように、分子が分母と等しいか、分母より大きい場合、「仮分数《かぶんすう》」と呼ぶ。

また、仮分数$\frac{5}{3}$は、$\frac{3}{3}+\frac{2}{3}$と書くことができ、$\frac{3}{3}$は1なので、$1\frac{2}{3}$と書くこともできる。この$1\frac{2}{3}$のように整数と分数で表したものを「帯分数《たいぶんすう》」と呼ぶ。

ちなみに、仮分数$\frac{41}{6}$を帯分数に直すと$6\frac{5}{6}$となる。見ていただくとわかるとおり、帯分数$6\frac{5}{6}$は、数の大きさについては理解しやすいが、他の分数と加減乗除の計算をするときには面倒になる。それに対して、仮分数$\frac{41}{6}$は、計算はしやすいものの、パッと見ただけでは、数の大きさを理解しにくいという難点がある。

分数の割り算で、後ろの数字をひっくり返してかけるワケ

分数同士の加減乗除は、小学生の習う算数のなかでも、わかりにくい計算法の代表といわれている。

足し算と引き算で分母が同じ場合は、分子同士を足したり、引いたりするだけでいい。分母が異なれば、分母を通分して計算する必要がある。また、かけ算は、基本的に分母同士、分子同士をかければよいが、帯分数の場合、仮分数に直してから、分母同士、分子同士をかけなければならない。

さらに、割り算は、帯分数の場合には仮分数に直す必要もあるが、基本的には、うしろの分数をひっくり返してかける必要がある。

実際、多くの人が、分数の割り算は「うしろの分数をひっくり返してかける」と機械的に覚えているだろうが、では、なぜ、そういう計算法になるのか、理由をご記憶だろうか。次のような説明が知られている。

たとえば$\frac{3}{5}\div\frac{2}{7}$。これを通分すると、$\frac{21}{35}\div\frac{10}{35}$となる。そこで$\frac{1}{35}$を単位とすると、21÷10と書くことができる。21÷10は$\frac{21}{10}$で、$\frac{3\times7}{5\times2}$となり、$\frac{3}{5}\times\frac{7}{2}$と計算しても同じになる。

ただし、こう説明されても、何だかモヤモヤしたものが残る人もいるだろう。そういう人には、たとえば、6÷2という割り算は、「6の中に2がいくつあるか」を計算することと考えてもらいたい。

すると、$6 \div \frac{1}{2}$は、「6の中に$\frac{1}{2}$がいくつあるか」を計算することになる。これは、「$\frac{1}{2}$は1の中に2個あり、それが6個あるので答えは12となる。ということは、割り算とは、「1の中に割る数がいくつあり、それが何個（割られる数）あるか」ということにもなる。

そこで$6 \div \frac{2}{3}$を計算してみると、まず、「1の中に割る数の$\frac{2}{3}$はいくつあるか」を考える。1の中に$\frac{2}{3}$は1つあり、残りが$\frac{1}{3}$となる。$\frac{1}{3}$は$\frac{2}{3}$の半分なので、1の中に$\frac{2}{3}$は1個と半分、つまり、$\frac{3}{2}$あることになる。これが6個分（割られる数）あるので、$6 \times \frac{3}{2}$という計算でも答えを求めることができるというわけだ。

「うわぁ、どれも面倒」というなかれ。それが、算数（数学）というもの。一つは頭に入れておかないと、子供に聞かれたとき、説明できないですゾ！

そもそも長さと長さをかけて、面積になるのはなぜ？

四角形の面積の求め方は、小学4年生で勉強する。ほとんどの子が、「縦の長さ

×横の長さ」という公式を暗記し、その公式を使って問題を解くようになる。

なかには、「長さと長さをかけて、なぜ面積になるの？」という疑問をもつ子供もいる。そんな疑問をもつと、たいていは、四角形の面積を求める問題が、スラスラとは解けなくなる。だが、そういう子のほうが、将来、理科系に進んだり、研究者になるケースが多いといわれている。

さて、縦4センチ、横5センチの長方形があったとする。その面積は、公式のとおり4㎝×5㎝＝20㎠で求めるが、この式は、1㎝×（4×5）＝20㎠と表すこともできる。

そもそも、四角形の面積の求め方には、まず「1㎝×1㎝＝1㎠とする」という決まり事がある。それを前提に、たとえば「縦4センチ、横5センチの長方形」の面積を求める場合、この1㎝の正方形がいくつあるかと考える。すると、縦に4個、横に5個あるので、1㎝×（4×5）という計算から、20㎠という答えが導かれるのである。

基本となる1平方ミリ、1平方センチ、1平方キロといった面積は、「単位面積」と呼ばれる。この考え方は、今から2300年も前、古代ギリシア時代の数学者・

物理学者アルキメデスによって研究された。四角形の面積を求める小学4年生の授業でも、1平方センチという単位面積がいくつあるかをイメージさせることで、「縦×横」という公式を説明することになっている。

ちなみに、縦4センチ、横5センチの面積を求める際、5×4と横×縦と計算すると、誤答とする小学校の教師もいる。子供が文句を言ったり、子供に聞いた親が、教師に抗議したりして、問題になることさえある。

数学にさほど興味のない人にとっては、縦×横でも、横×縦でもいいように思えるが、教師側の言い分としては、「公式で『縦×横』と決められているから」とか、「計算式まで他人に見せることを前提とするなら、誰もがわかりやすい『縦×横』で計算をしておくことが必要となる」などが挙げられ、スッキリ解決とはいかないようだ。

まあ、スパッと答えが出るはずの算数を学びつつも、世の中、割り切れないことが多いものだと、小学生のうちから知ることも、教育の一つなのじゃないかという教師もいる。

どうして三角形の内角の和は180度なのか

「三角形の内角の和は180度で不変」というのは、算数や数学の図形問題を解くのに欠かせない必須知識の一つである。では、なぜ、どんな三角形も、角の角度をすべて足すと180度になるか、説明できるだろうか？

小学生向けには、折り紙で三角形を作る方法がよくとられている。三角形の三つの角をそれぞれちぎり、お互いにその先を組み合わせてみる。すると、三つの角が直線を構成するので、三つの内角の和は180度になると説明する。1クラス30人なら30人の児童が、思い思いに三角形を作っても、全員の答えが180度になれば、「どんな三角形も、180度になるね」と話すことができる。

相手が中学生になると、もう少し厳密に証明して見せる必要がある。そこで、平面上に三角形ABCを描き、頂点Aを通って底

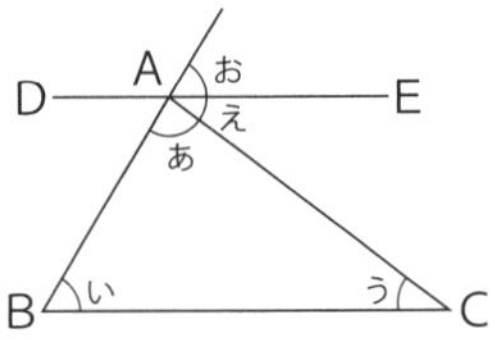

辺に平行な直線DEを引く。

すると、錯角は等しいので、頂点Cの角度（う）と、辺CAと直線DEの間で作る角度（え）が等しくなる。

また、辺ABをAの先へ少し延ばすと、同位角は等しいので、頂点Bの角度（い）と、辺ABの延長線と直線DEの間で作る角度（お）が等しくなる。こうすると、角あ、角え、角おは直線上の角なので180度。角え＝角う、角お＝角いなので、頂点ABCの角度の和は180度となる。

［　］や｛　｝を使った計算の順序を覚えていますか？

［420÷｛143−（16−7）×12｝］÷6

この計算問題を解けるだろうか。中学受験レベルの問題だが、きちんと解けるかどうかは、［　］や｛　｝（　）の扱いと、計算の順序を覚えているかどうかにかかっている。

そこで問題を解く前に、「計算の順序」についておさらいしておくと、まず、足し算と引き算だけ、あるいはかけ算と割り算だけの計算は、計算式の左から順番にする。たとえば、2＋3－4＋5－2を横書きにしたなら、左から順番に計算して答えが4となるし、6÷3×8÷4÷2なら、やはり左から順番に計算して答えは2となる。

ただし、四則のまじった式では、かけ算と割り算を足し算や引き算より先に計算するという決まりになっている。たとえば、

6＋4×3－6÷2

という計算なら、先に「4×3＝12」と「6÷2＝3」の計算をして、「6＋(12)－(3)」となり、答えは15となる。

また、計算式の括弧は、( )、{ }、[ ]の順に内側からはずしていくという決まりになっている。これらは計算上のルールなので、覚えておくしかない。

こうした計算の順序に関する決まりを踏まえたうえで、冒頭の問題、

［420÷｛143－（16－7）×12｝］÷6

を見ると、最初に計算するのは、（　）内の（16－7）である。

次に｛　｝内に注目すると、｛143－（9）×12｝となる。9×12を計算して108。その次に、｛143－108｝を計算して、｛　｝内は35となる。

次に［　］内に注目すると、［420÷35］となるので、［　］内は12である。最後に12÷6を計算し、最終的な答えは2となる。

この手の問題は、計算の順序さえ間違えなければ、計算自体は簡単である。したがって、計算の順序をしっかり勉強してきた小学生にとっては、「おいしい問題」といえる。逆にいえば、入試では、確実に正解しなければならない問題であり、取りこぼすと苦しくなる。

小学生なら知っている「鶴亀算」の解き方のコツ

「鶴と亀が合わせて11います。また、それらの足の総数は38です。鶴と亀は、それぞれ何匹(羽)いますか?」

という問題があれば、多くの人が連立方程式を使って解くだろう。

鶴の数をx、亀の数をyとすれば、$x+y=11$、$2x+4y=38$という連立方程式ができる。

$y=11-x$なので、$2x+4(11-x)=38$と書ける。

これを計算すると、$2x+44-4x=38$　$-2x=-6$　$x=3$

$y=11-3$なので、$y=8$

答えは、鶴3羽、亀8匹となる。

だが、小学生は、まだ方程式を習っていない。そこで、「11匹全部が亀だと考えると」という仮の計算をする。すると、亀の足は4本×11で44本となるが、足の総数は38とされていた。仮の計算では、足が6本多くなる。

これは、すべて亀とみなしたために多くなった足の数である。鶴の足は2本なのに、4本として計算していたため、本来の鶴の数からは2本ずつ多くなっている。そこで、6÷2の計算をすると3であることから、鶴の数は3羽であることがわかる。鶴と亀を合わせて11なので、亀の数は8匹となる。

基本的には、まずすべてが同じ生き物と考え、多い、あるいは足りない足の本数を、2種類の生き物の足の数の差で割って得られる数が、もう一方の生き物の数と考える。

このように、2種類の動物の1匹あたりの足の数と、全部で何匹いるかという頭数および、わかっている足の総数から、それぞれ何匹いるかを求めるような問題を「鶴亀算」という。

もともと、鶴亀算の原型は、4世紀の古代中国で書かれた『孫子算経』という本に出てくる。「孫子」といっても、兵法の孫子とは別人だが、そこではキジとウサギが登場していた。この本が日本へ伝わり、江戸時代になると、このキジとウサギが、日本でめでたさの象徴とされる鶴と亀に置き換えられて広まったのである。

むろん、〝動物〟以外への応用も可能で、たとえば、大人と子供合わせて7人がバスに乗ったら、バス料金が全部で1100円でした。料金は大人が200円で、子供が100円です。大人と子供はそれぞれ何人ずつでしょうという問題でも、7人全部が子供と考えると、総料金は700円となる。実際の料金より400円少なくなり、大人と子供の料金の差は100円なので、400÷100とすると4となり、大人の数は4人とわかる。そこから、子供の数は7－4で3人となる。

小学生なら知っている「年齢算」の解き方のコツ

当たり前の話だが、年齢は、何年経っても差が一定である。たとえば、閏年の2

月29日生まれでも、年齢が1歳ずつ増えるのは4年ごとなんてことはない。この年齢のように、差が一定のとき、その差と割合（倍数）の関係を使って解く問題を「年齢算」という。

「父は40歳で、子が10歳なら、父の年齢が子の年齢の2倍になるのは、何年後ですか？」このような問題のとき、単純に年齢を書いていくという方法もある。

父親は40、41、42、43、44、45……55、56、57、58、59、60
子供は10、11、12、13、14、15……25、26、27、28、29、30

すると、父の年齢が子の年齢の2倍になるのは、父が60歳、子が30歳のときで、いまから20年後だとわかる。ただし、実際に書いていくのは、数が大きくなると大変なので、次のように考えることもできる。

父の年齢と子の年齢の差は、30歳で一定である。その30歳の年齢差が2倍の違いになるのは、子30歳、父60歳のとき。よって、答えは20年後となる。

また、答えをxとして方程式をたてると、

$40 + x = (10 + x) \times 2$となる。

これを計算して、$40 + x = 20 + 2x$　$2x - x = 40 - 20$　$x = 20$となる。

小学生なら知っている「仕事算」の解き方のコツ

「一郎くんは、部屋の掃除をするのに3時間かかる。直人くんは、同じ部屋の掃除をするのに2時間かかる。一郎くんと直人くんが、一緒に掃除をすると、どれだけの時間で終わらせることができるか？」

こんな問いに、「一郎君と直人君は、ふだんから仲が悪いので、途中でケンカになって掃除が終わらない」なんて答えると、算数の問題ではなくなる。算数の問題では、あくまで提示された条件に沿って、何の滞りもなく作業が行われるという前提で計算する必要がある。

冒頭のような問題では、ある仕事量を1と考え、時間や日数といった単位あたりの仕事量の割合から、仕上げるのにかかる時間や日数を計算する。このような問題を「仕事算」と呼ぶ。

冒頭の問題では、まず、一郎くんの1時間あたりの仕事量を1とする。すると、全体の仕事量は1×3時間で3となる。また、直人君の1時間あたりの仕事量は、仕事量3÷2時間で1・5となる。これにより、2人が一緒に掃除した場合、1時間あたりの仕事量は1＋1・5で2・5となる。3の掃除をするのに要する時間は、3÷2・5で1・2となり、答えは1時間12分となる。

また、次のような問題も、仕事算で解ける。

「ある事務の仕事をするのに、前田さんは12日間、大島さんは15日間かかります。最初の5日間は2人でしていましたが、その後は、ジャンケンで負けた前田さんが1人でしました。前田さんは、合わせて何日間、この事務仕事をしましたか？」

この問題の場合、全体の仕事量を12と15の最小公倍数60で求めるほうが簡単に計算できる。すると、前田さんは1日で5、大島さんは1日で4の量をこなす。2人で一緒にすると、1日に9の仕事量ができるので、5日間で45が終わることになる。

残りの仕事量は15で、ジャンケンに負けた前田さんが1人でこなすと、15÷5で3日かかる。よって、前田さんは大島さんと2人でした5日と3日を足し、8日間仕事をしたことになる。

また、全体の仕事量を1として考えると、前田さんは1日で全体の$\frac{1}{12}$、大島さんは1日で全体の$\frac{1}{15}$の仕事ができる。2人では$\frac{1}{12}$と$\frac{1}{15}$で$\frac{3}{20}$できるので、5日間では$\frac{15}{20}=\frac{3}{4}$が終わる。残り$\frac{1}{4}$の仕事を1日あたり$\frac{1}{12}$の仕事量ですると、$\frac{1}{4}\div\frac{1}{12}=3$日となり、前田さんは全体で8日間仕事をすることになる。

小学生なら知っている「相当算」の解き方のコツ

「翔君は、もっていたお金の$\frac{3}{5}$を使って、600円の本を買うことができました。翔君は、初めに何円もっていたでしょう？」

初めにもっていたお金を1とすると、その$\frac{3}{5}$、すなわち6割が600円にあたる。ということは、10割＝1000円ということで、最初にもっていたのは100

０円ということになる。

このように、ある割合と、これに相当する金額（または量）がわかっているとき、その数から全体の金額（1にあたる量）を求める問題を「相当算」という。相当算は、全体の金額（または量）を1ではなく、xとする方程式を立てれば、もっと簡単に解けるが、小学生は方程式を習わないので、この計算法を使う。

では、こんな問題だと、どのように解けるだろうか。

「A君とB君は、５対３の割合でお小遣いをもっていました。A君が７００円のカレーを食べたので、その割合が６対５になりました。２人は、最初にいくらもっていたでしょう？」

考え方としては、まず、何も買っていないB君が、最初にもっていたお金を1とすると、A君が最初にもっていた額の割合は$\frac{5}{3}$となる。また、B君がカレーを食べた後の所持金の割合は$\frac{6}{5}$となる。最初の額の割合$\frac{5}{3}$から$\frac{6}{5}$を引くと、使った７００円となることから、$\frac{25}{15}-\frac{18}{15}$、すなわち$\frac{7}{15}$が７００円となる。そこからB君の最初の所持金は1５００円となる。そして、1５００×$\frac{5}{3}$で、A君の最初の所持金は、２５００円となる。

発展編

簡単に暗算できる方法を知っていますか？①

――偶数×5の倍数

駅のホームにいたら、背の高い外国人男性が近づいてきて、何か尋ねようとしている。もう、それだけでパニックになって、頭の中で「英語ダメ」という言葉がグルグル回り、何をいっているのかさっぱりわからない。必死で首を振った後、その男性が、隣にいた女性に話しかける声を聞くと、ホームの床を指さしながら、「ゴーイング　キョート、OK？」と尋ねているだけだった。

暗算というのも、意外に、このエピソードに似ている。「暗算をしてください」といわれると、計算の苦手な人は、頭から「絶対ムリ」と思ってしまうが、落ち着いて暗算のコツを聞いてみると、けっこう簡単だったりする。

たとえば、26×35。

この計算を暗算しろといわれても、「えーと、ロクゴ30だから」と考えていると、だれでも時間がかかってしまう。

しかし、この計算が「偶数×5の倍数」ということに気づけば、暗算は格段に速くなる。26×35は、13×2×35と分けられるので、2×35を先にして13×70となる。次に、13×70を計算すれば、910という答えが出てくる。

26×45も、13×2×45と分けられるので、13×90となり、1170という答えがパッと出てくる。

これらの計算の場合、2×(5の倍数)は、必ず1の位が「0」になるため、暗算はたやすい。慣れてくれば、だれでも楽に暗算ができるようになるはずだ。

簡単に暗算できる方法を知っていますか？②
――十和一等

「十和一等」といっても、どこかの珍名さんや、どこかの団体のスローガンではない。暗算をスピーディーにするコツの一つである。

たとえば、62×42の計算をすることになったとする。「十和一等」の「十和」は、この62×42のように、かけ算をする2桁の位の和が10であることを示す。「一等」は、62×42のように、かけ算をする二つの数の1の位が等しいことを示す。

そして、この「十和一等」の条件を満たすかけ算は、次のような方法で行えば、アッという間に正解を出すことができる。

①10の位同士のかけ算をして、そこに1の位の数を足す。

62×42の場合、6×4+2=26となる。

②1の位同士のかけ算をする。答えが1桁の場合は頭に0をつけて2桁にする。

62×42の場合、2×2=04となる。

③これらの二つの数をくっつけたものが答え。

よって、62×42の答えは、2604となる。

　たとえば、21×81は、２×８＋１＝17、１×１＝01で、答えは１７０１となり、36×76は、３×７＋６＝27、６×６＝36で、答えは２７３６となる。初めて見た人には、少しややこしいかもしれないが、慣れれば、自分でも驚くくらい計算が速くなる。

　また、近年話題になったインド式計算法によると、「十等一和」という方法がある。

　36×34のように、10の位同士が同じ数で、１の位同士を足した数が10となるかけ算を解くコツである。

　インド式では、２桁ずつを「｜」線で区切り、この問題は、(10の位の数字)×(10の位の数字＋１)｜１の位の数字×１の位の数字と書く。36×34の場合、３×４｜６×４となり、それぞれ計算した数字を連ねると、答えは１２２４である。

　他にも、62×68は、６×７｜２×８で、答えは４２１６。71×79は、７×８｜１×９で、答えは５６０９となる。

簡単に暗算できる方法を知っていますか？③
——順序入れ替え

「数学とは、いかなる学問か？」——そう問われて、「私は『いかに怠け者になるかを競う学問』と答えます」と話す予備校の数学講師がいた。

その主張には一理ある。実際、暗算をいかに速く行うかを考えることは、計算をいかに簡単に楽に、つまり怠け者となるかを考えることでもあるからだ。たとえば、かけ算の順序を入れ替えるという方法も、いかに怠け者になるかという発想から生まれたコツといえる。

13×28×25

この計算が、10秒以内にできるだろうか？

「まず、13×28は…」なんて考えていると、10秒以内には無理だろう。ところが、頭から順番に計算するより、計算しやすいものから計算していけば、ずいぶん速くなる。

13×28×25なら、たとえば、13×7×4×25に分けられる。すると、13×7は91で、4×25は100。よって答えは9100となる。

問題を見た瞬間、28が4の倍数であり、4と25をかけると100になることに気づけば、あとは楽に計算できる。この方法を使うと、桁数がより多い計算も暗算が可能になる。

たとえば、125×29×160なら、5×25×29×4×40とし、順序を入れ替えれば、5×4×29×25×40となる。20×29×1000から、答えは580000となる。

簡単に暗算できる方法を知っていますか？④
――スライド式

インド人は、小さい頃から、独特の計算法を学んでいる。たとえば、かけ算の筆算も、日本では1の位から行うが、インド式では大きな桁から順にかけていく。また、日本では、かけ算を筆算でするとき、数字は、位を合わせて上下に書くが、インド式では、通常の計算式のように横に書いていく。

さらに、日本では、九九は9×9までしか暗記しないが、インドでは、小学生が20×20まで覚えているし、2桁の2乗も多くの人が暗記しているという。だから、48×48という計算も、多くのインド人は瞬時に答えが言える。

これに対して、日本の暗算術では、同じ数の2乗は「スライド式」という方法で行われることが多い。

48×48＝(48－2)×(48＋2)＋2×2＝46×50＋4＝2300＋4＝2304

この場合、48×48の左の48から2を引き、右の48に2を足すことが、「スライド」と呼ばれている。スライドすることで、右の48を50として計算しやすくする。そして、スライドさせた数の2乗を足すと、答えになる。

97×97は、3をスライドさせて片方を100にすると、(97－3)×(97＋3)＋3×3となる。よって、答えは94×100＋9で9409となる。

1＋2＋3＋…＋100の答えを一瞬で出す方法

18世紀のドイツに、カール・フリードリヒ・ガウスという少年がいた。彼が10歳のとき、学校の先生が教室を離れる用事があったので、黒板に1＋2＋3＋……98＋99＋100と書いて、生徒にこの問題を解くようにと命じた。10歳といえば、現在の日本では小学4年か、5年生なので、先生は答えを出すまでかなり時間がかかるだろうと思ったが、ガウス少年は、なんと先生が教室を出る前に答えを出した。

驚いた先生が、ガウス少年に「どのように計算したの？」と尋ねると、彼は「(1＋100)＋(2＋99)＋(3＋98)……(98＋3)＋(99＋2)＋(100＋1)とすれば、101が100個できます。だけど、同じ式を2回ずつ使っているので、1010 0を2で割ると、答えは5050になります」と答えた。

先生は、それ以後、ガウス少年に教えることは何もないと考え、レベルの高い数学の本を渡して、「自分で勉強してごらん」といったという。

このガウス少年こそ、近代数学のほとんどの分野に影響を与えたとされる数学者にして天文学者、物理学者のガウスである。コンパスと定規だけで正十七面体を作図できることを証明したり、代数学の基礎定理を証明したり、微分幾何学を創始したり、ガウス平面（複素数平面）を考えついたりした。

ガウスは、乳児のころから、誰も教えないのに、しぜんに計算ができたと伝えられている。3歳のとき、石屋を営む父親が、職人に払う給料の計算をしていたら、それを横で見ていて、間違いを指摘したという話が伝わっている。

世界最古の「文章題」はどんなものだった？

「100個のパンを10人に分けるのに、50個は6人で等分し、残りの50個は4人で等分するとき、分け前の差はいくらか？」

この問題を解くと、50個のパンを6人で等分しようとすると、まず1人あたり8個のパンを与えることができる。そして、まだ2個余っているので、それを6人で等分すると、１人あたり$\frac{1}{3}$ずつになる。つまり、１人分は８個と$\frac{1}{3}$となる。

一方、50個を４人で等分すると、同様に計算して12個と$\frac{1}{2}$ずつになる。両者の分け前の差は、$12\frac{1}{2}-8\frac{1}{3}$で求めることができ、答えは４個と$\frac{1}{6}$となる。

冒頭の問題は、現在のところ、世界最古の文章題の一つとされ、今から約４０００年前の古代エジプトの数学書『アーメス・パピルス』に書かれているものだ。当時の僧侶アーメスによってパピルスに書かれたもので、現在はイギリスの大英博物館のエジプト部屋に展示されている。

この『アーメス・パピルス』は、長さ５・５メートル、幅33センチの巻紙状で、第１章の第１〜３節が分数の表と計算。第４〜６節が分数の練習問題、第７〜８節が分数や級数の文章題。さらに、第２章が図形の面積、体積の文章題で、第３章が「雑題」というタイトルの文章題という構成になっている。

冒頭の問題は、分数や級数の文章題に収録された問題である。これ以外にも、「20ペフスのパン155個を、30ペフスのパンにかえようとするとき、何個と交換されるか？」（20ペフス、30ペフスは、約５リットルの粉からそれぞれ20個と30個のパンを作ったときにいう）

「私の升で3回、ヘカト升（約5リットル）に入れ、さらに私の升の$\frac{1}{3}$をそれに加えたら、ヘカト升が一杯になった。私の升の量を求めよ」

「ピラミッドの高さが8キュービット（約16センチ）で、底辺が12キュービット（約24センチ）の長さなら、この勾配はいくらか」

といった文章題が収録されている。

いったい誰が、いつ「虫食い算」を考えたのか？

5□＋□4＝123とか、□7－2□＝65といった問題を虫食い算というがご記憶だろうか。

いくつかの数字が伏せられた計算式で、明らかになった部分から伏せられた数を推理して、完全な計算式を導き出すという問題である。

□には一つの数字が入ること、最上位の□には「0」が入らないというルールがある。

5□＋□4＝123なら、1の位が4＋□＝13となることから、前の□には9が入ることがわかる。すると、1（1桁の位がくりあがった分）＋5＋□＝12となり、後の□には6が入る。

また、□7－2□＝65の場合なら、まず、1の位が7－□＝5となるので、後の□には2が入る。さらに、□7－22＝65であることから、前の□には8が入ることがわかる。

こうした虫食い算は、欧米では、昔から練習問題として利用されており、その起源についてはわからない。日本での起源も正確にはわからないが、一説には、江戸時代、店がつぶれるかもしれないという商店の主が、商売熱心さから生み出したといわれている。

当時の商売は、ほとんどが掛け売りだった。お客のほとんどが顔見知りだったので、そのつど代金を受け取るのではなく、取引を大福帳に記録しておいた。そして、盆や暮れに掛け売りの総額を計算し、集金して回ったのである。

ところが、掛け売りの額を計算しようと、大福帳をめくったところ、紙を食べる「シミ」という虫にあちこち食い荒らされていた。

なかには、数字が読めず、いくら集金すればいいのかわからないケースもあった。むろん、売掛け金が集金できなければ、店がつぶれかねない。

そこで商人は、あらゆるヒントを手がかりに、虫に食われた数字を計算して埋めたという。

日本では、商売人が行った必死の計算がルーツとなって、虫食い算のパズルが生まれ、寺子屋などを通して広まったと見られている。

青春文庫

大人《おとな》が絶対《ぜったい》かなわない
できる小学生《しょうがくせい》の国《こく》・算《さん》・理《り》・社《しゃ》

2024年 9 月20日　第1刷

編　　者　話題《わだい》の達人《たつじん》倶楽部《くらぶ》
発 行 者　小 澤 源 太 郎
責任編集　株式会社プライム涌光
発 行 所　株式会社青 春 出 版 社

〒162-0056　東京都新宿区若松町 12-1
電話 03-3203-2850（編集部）
03-3207-1916（営業部）
振替番号　00190-7-98602

印刷／中央精版印刷
製本／フォーネット社

ISBN 978-4-413-29860-5

■参考文献

「小学社会科事典」有田和正編著（旺文社）／「特進クラスの社会」中学入試問題研究会　水谷安昌（文英堂）／「社会自由自在　小学高学年」小学教育研究会（受験研究社）／「特進クラスの理科」中学入試問題研究会　西村賢治編著（文英堂）／「理科自由自在　小学校高学年」小学教育研究会（受験研究社）／「小学理科まとめノート」総合学習指導研究会（受験研究社）／「くわしい社会小学6年」文英堂編集部（文英堂）／「小学生のさんすう大疑問100」仲田紀夫（講談社）／「小学校6年間の算数が6時間でわかる本」間地秀三（PHP）／ほか

＊本書は、2012年小社より刊行された『小学校6年間の「勉強」が90分で身につく本』に新たな情報を加え、再編集したものです。